SPLENDEURS DE L'ANTIQUITE

*L'Histoire de l'Art Préhistorique,
Mésopotamien, Grec et Romain*

Jim Barrow

SOMMAIRE

INTRODUCTION

L'histoire de l'art est un univers si vaste et si merveilleux qu'il est difficile de le résumer en quelques pages, tout comme la définition même de l'art. Selon le dictionnaire, l'art correspond à toute forme d'activité qui met en valeur le talent inventif et expressif de l'homme ; il peut donc prendre toutes les formes : de la peinture, au croquis esquissé à la plume, à la sculpture en marbre, aux graffitis qui égaient les murs gris des villes, jusqu'à l'art numérique des temps modernes.

Le voyage que vous allez entreprendre vous fera remonter le temps jusqu'à l'aube de l'art, de la préhistoire à l'art grec et romain, en passant par les premiers arts orientaux (sumériens, assyriens et babyloniens).

Et que signifie l'art pour vous ? Vient-il de la tête ou du cœur?

Je vous laisse avec ces deux questions : vous n'êtes pas obligé d'y répondre tout de suite, mais fixez-les dans votre esprit pendant que vous parcourez les pages du livre, afin que la réponse puisse se former dans votre inconscient.

Il ne me reste plus qu'à vous souhaiter une bonne lecture !

CHAPITRE 1

L'ART PRÉHISTORIQUE ET L'ÂGE DU BRONZE: LES ORIGINES DE L'ART ET SES PREMIÈRES UTILISATIONS

La préhistoire, littéralement avant l'histoire, est une immense période qui commence avec l'apparition de l'homme sur terre (il y a environ 4,5 millions d'années) et se termine avec l'invention de l'écriture, il y a cinq mille ans. Au cours de la préhistoire, les premiers objets ont été fabriqués, les premières scènes de la vie quotidienne liées à la chasse, à l'agriculture et à la religion ont été trouvées représentées directement sur les rochers à l'intérieur des grottes et ont survécu jusqu'à aujourd'hui.

On peut diviser la préhistoire en quatre périodes :

- *Paléolithique* de 1 800 000 à 10 000 ans avant J.-C.

- *Mésolithique* de 8 000 à 6 999 avant J.-C.

- *Néolithique* de 6 000 à 4 000 ans avant J.-C.

- *L'âge des métaux (cuivre, bronze et fer)* de 4 000 à 500 avant J.-C. (au-delà de la préhistoire)

L'art, dans sa forme la plus ancienne, est considéré comme un moyen d'exalter la nature, mais aussi d'idéaliser la vie et d'asservir la réalité, selon les spécialistes. Quoi qu'il en soit, les représentations artistiques et les monuments de l'époque sont tous fondés sur le *naturalisme*, c'est-à-dire sur un art qui ne s'éloigne pas de la nature. La principale caractéristique du naturalisme préhistorique, plutôt que le style géométrique (qui est néanmoins présent et "reconnaissable"), est la première apparition du modèle de développement artistique dont tous les arts ultérieurs, y compris l'art moderne et contemporain, allaient s'inspirer ; en fait, même à cette époque - malgré les apparences - il y avait déjà les premiers développements artistiques, contrairement aux affirmations des premiers chercheurs, qui ont interprété les "œuvres" de cette période comme étant immobiles et statiques, comme s'il s'agissait d'un phénomène inné, mais isolé. Il s'agit d'un art qui évolue de la représentation de la nature, des animaux et des scènes de chasse avec des signes géométriques vers une technique plus fluide, presque impressionniste si l'on veut, capable de frapper plus immédiatement l'œil de celui qui regarde. Ainsi, on commence à dessiner de manière plus précise et exacte, au point que l'art de la représentation commence à devenir une véritable maîtrise, avec des aspects de plus en plus complexes.

Ce naturalisme dont nous parlons est une forme vivante, qui s'apprête à copier la réalité par divers moyens, comme nous le verrons. L'instinct a disparu depuis longtemps, mais le degré de civilisation est encore en cours d'élaboration : les dessins que nous trouvons sont issus de la raison et montrent une synthèse théorique de ce qu'ils voient et non de ce qu'ils ressentent en combinant la vue frontale avec la vue latérale ou la vue d'en haut, sans rien omettre mais en exagérant parfois les proportions de ce qui a une valeur causale ou biologique et en négligeant ce qui n'a pas de fonction dans le contexte.

Quel était donc l'objectif de l'art préhistorique ? Tout ce que l'on sait, c'est que c'était l'art des chasseurs, des hommes qui n'avaient pas encore la possibilité de produire leur propre nourriture mais qui étaient obligés de cueillir et de pêcher pour se nourrir, et qui vivaient en petites hordes isolées, dans une sorte d'individualisme primitif où les dieux étaient loin, tout comme la vie après la mort et la survie de l'âme. À cette époque si éloignée de nous, tout tournait autour des moyens de subsistance et nous pouvons supposer que l'art servait de pratique magique avec une fonction pragmatique, visant des objectifs économiques instantanés. Il s'agit d'une magie qui n'a rien à voir avec ce que nous pourrions comprendre comme la religion, car il n'y a pas de prières, de cultes ou de dévotion à des esprits d'un autre monde ; il s'agit d'une technique plus proche de ce que nous faisons lorsque nous prenons des somnifères, fertilisons le sol ou posons des pièges à souris : les images sont les pièges dans lesquels les animaux sauvages doivent tomber ou dans lesquels ils sont déjà tombés. Les images peintes par le chasseur paléolithique lui faisaient croire qu'il possédait la chose elle-même et, en la reproduisant, il était fermement convaincu qu'il acquérait un pouvoir sur cet objet. En effet, il croyait que l'animal peint représentait fidèlement le sort de l'animal réel car cette représentation n'était rien d'autre qu'une anticipation de ce qui allait se passer.

Pour les gens de l'époque, les représentations artistiques n'avaient donc pas une signification symbolique, mais avaient pour but précis de transmettre des actions. Elles faisaient partie intégrante du processus de chasse et d'autres actions concrètes. La pensée, la foi et tout ce qui ne concerne pas l'action concrète ne recèlent aucun effet magique. Lorsque l'homme préhistorique peignait un animal sur un rocher, il peignait un animal réel. À cette époque, les concepts d'art, de fiction et d'imagination pure n'existaient pas et il n'y avait pas de représentations complètement séparées de la réalité matérielle. L'homme préhistorique ne comparait pas le monde matériel à celui plus "abstrait", mais plaçait les deux mondes dans le même chaudron et considérait l'un comme le prolongement naturel de l'autre. À vrai dire, même aujourd'hui, l'idée que le monde artistique prolonge la réalité commune est bien présente, mais il est clair qu'avec toutes les évolutions et les réflexions qui ont eu lieu au cours des siècles, le point de départ est tout à fait différent.

Toute autre interprétation de l'art paléolithique, comme son explication en tant que forme ornementale ou expressive, n'est vraiment pas tenable, car toute une série d'indices apparaissent, comme le placement des peintures dans des coins cachés des grottes où elles n'auraient jamais pu servir de décoration, ou la superposition des peintures, par exemple, qui nous font immédiatement dévier de cette pensée. Il n'y avait pas d'intentions décoratives ou esthétiques, pas plus qu'il n'y avait de besoin de communication et d'expression libre ; en fait, nous pouvons constater que très souvent les peintures étaient camouflées ou créées dans des zones très éloignées des grottes, où elles ne pouvaient pas être vues.

L'art religieux a le secret en commun avec l'art magique : l'artiste paléolithique ne considérait l'esthétique que comme un moyen d'obtenir un effet magique. En effet, on peut constater que la plupart des animaux étaient représentés de manière stylisée et transpercés par des flèches et des lances, ce qui n'est pas exactement la meilleure façon de mettre l'accent sur l'esthétique. Une autre preuve de la relation entre l'art paléolithique et la magie réside dans le fait que les humains sont représentés masqués, dansant autour des animaux chassés : dans ce cas, il ne s'agissait pas seulement d'imiter ou de simuler le "rituel", mais de le remplacer littéralement ou, du moins, de compléter la réalité. L'animal que l'on invoque par la magie doit être le même que celui que l'on représente. - L'image infidèle n'était pas seulement fausse, mais irréelle, sans objet.

Les hypothèses de l'art sont doubles : l'idée de ressemblance et l'idée de créativité, de production à partir de rien, ont été formées à l'époque de l'expérimentation et de la découverte, avant la magie. Les contours des mains que l'on retrouve en de nombreux endroits autour des peintures rupestres, et que nous explorerons plus en détail au cours de ce chapitre, sont de simples moulages qui ont probablement été utilisés comme expériences pour faire prendre conscience aux gens que quelque chose de fictif et d'inanimé pouvait être créé pour ressembler au monde réel. Au départ, elle n'avait aucune signification (ni artistique, ni magique), si ce n'est l'amusement, mais elle devait passer par la magie avant de devenir de l'art. Compte tenu des énormes différences, il n'est pas certain que les figures animales soient une évolution directe de ces estampes.

Art préhistorique

Les premières traces d'art préhistorique remontent à environ trente mille ans, c'est-à-dire à l'ère paléolithique (du grec palaiòs (vieux) et lithos (pierre) : l'époque de la pierre ancienne). L'homme des cavernes est un nomade qui vit de la chasse et de la cueillette dans des sites troglodytes que l'on peut encore explorer aujourd'hui - il s'agit des grottes naturelles de Pantàlica en Italie, des grottes de Lascaux et de la grotte Chauvet en France, toutes deux riches en peintures représentant des animaux tels que le bouquetin, le bison et le cheval. Vivant de la chasse et de la cueillette, l'homme avait besoin de fabriquer des outils en pierre, et pour ce faire, il ébréchait des morceaux de silex avec d'autres pierres plus dures, fabriquant ainsi des hachoirs utilisés pour gratter les peaux, découper la viande ou comme arme de chasse. Plus tard, les pierres ont été ébréchées non seulement d'un côté, mais des deux côtés, pour former la biface, qui a ensuite été personnalisée avec des dessins géométriques pour indiquer la propriété. Ces deux types de pierres ne sont rien d'autre que la première production artistique de l'homme, née d'une nécessité, celle de la survie.

Avec les mêmes outils, l'homme des cavernes a ressenti le besoin d'apposer des marques indélébiles à l'intérieur des grottes dans lesquelles il vivait, pour représenter le monde naturel dans lequel il était immergé : c'est ainsi qu'est né le fascinant art mural, qui prendra plus tard le nom d'art rupestre à l'époque néolithique. L'art pariétal a une fonction magique car les idéogrammes dessinés autour des figures seraient les traces d'anciens rituels : dans la grotte Chauvet citée plus haut, par exemple, la disposition des espèces animales dans les salles ne semble pas du tout aléatoire, comme les traces de griffes sur les murs et les crânes entassés dans la salle la plus intérieure de la grotte - il s'agit très probablement d'une grotte-sanctuaire dédiée au culte de l'ours des cavernes, une créature considérée comme surnaturelle qui vivait dans les creux de la Terre. Les images représentées sont principalement des animaux et des hommes (à de rares exceptions près) en mouvement éternel gravés sur la pierre comme rites propitiatoires pour la chasse, mais aussi comme simples récits d'épisodes réels. La forme la plus ancienne et la plus élémentaire de la peinture préhistorique se trouve dans les empreintes de mains, qui servaient surtout à marquer une certaine zone. Ces empreintes étaient réalisées en trempant la main dans de la couleur ou en dessinant avec le doigt ou à l'aide d'une paille dans laquelle de la couleur était pulvérisée. Les techniques de peinture préhistoriques comprenaient également des pinceaux rudimentaires fabriqués à partir de brins de fourrure animale ou de brindilles aux extrémités effilochées, tandis que les couleurs les plus couramment utilisées, à savoir le noir, le brun, le jaune, le rouge et le blanc, étaient fabriquées à partir d'une variété d'éléments naturels, tels que des extraits d'herbe, divers types de charbon de bois et de l'argile semblable à de la terre.

Outre l'art mural, caractérisé par l'aspect réaliste des animaux gravés et dessinés, l'art mobilier et l'art rupestre se sont également développés au cours de cette période historique. Dans ces arts, on trouve souvent des représentations des organes sexuels, considérés comme des symboles de fertilité. Parfois, les animaux étaient utilisés pour désigner l'un ou l'autre sexe, par exemple l'éléphant et le cheval représentaient la virilité masculine, tandis que les mammouths et les girafes représentaient le sexe féminin. L'art mobilier est apparu au Paléolithique inférieur et s'est poursuivi au Paléolithique supérieur sur une période de plus de cinq cent mille ans. Ce type d'art se caractérise par des figurines en os grossièrement gravées de pierres et de dents d'animaux caractérisées par des lignes parallèles ou croisées entre elles, des objets représentant des corps féminins à double valeur symbolique : celle de la protection du foyer et celle de la fertilité de la nature.

Le célèbre archéologue et anthropologue français Leroi-Gourhan a divisé les langues expressives en quatre catégories différentes :

- Primitive, elle consiste en de riches représentations de symboles sexuels et de silhouettes de toutes sortes d'animaux, en particulier de chevaux, de bisons, de faons et d'aurochs - célèbres sont les têtes de cheval sculptées décorées de signes géométriques ou les dalles en forme de disque ;

- Primitif, avec un nombre démesuré de statuettes représentant des femmes - célèbres sont les Vénus qui représentaient des seins, des ventres, des pubis et des fesses prospères et disproportionnés par rapport aux bras, aux jambes et à la tête. Les exemples les plus importants de ce langage expressif sont la Vénus de Lespugue et la tête de la Vénus de Brassenpouy conservées en France ;

- Archaïque, où les œuvres sont souvent gravées directement sur des plaques. De petites sculptures génériques représentant l'homme ou divers animaux sont également fréquentes;

- Classique, où prévalent de petites œuvres sculpturales très précises et raffinées dans leur exécution. Très belles et précises dans l'anatomie des personnages représentés.

Les objets récurrents de l'art mobilier sont des statuettes ayant une valeur symbolique de protection de la maison et de la fertilité féminine ou de la terre si elles sont enterrées dans les champs : elles représentent le corps féminin d'une manière irréaliste mais délibérément déformée et étaient utilisées comme amulettes. L'une des statuettes les plus connues est la Grande Mère ou Vénus de Willendorf, une sculpture en calcaire dans laquelle les attributs féminins sont exagérés, alors que la tête, les pieds et les bras ne sont qu'esquissés.

Aujourd'hui, il est très rare de trouver encore des vestiges des biens artistiques des hommes préhistoriques, car ils étaient réalisés sur des supports ou avec des matériaux sujets à la dégradation (arbres, bois, peaux, parois rocheuses exposées à l'érosion).

L'art au néolithique

La période de transition qui suit le paléolithique dont nous venons de parler s'appelle le mésolithique, et c'est une époque où l'homme passe du nomadisme à la sédentarisation et à la pratique de l'élevage et de l'agriculture, car il est sans doute plus commode et plus rentable de garder des animaux pour les élever plutôt que de les chasser et de vivre au jour le jour, tout comme il est plus facile de réserver une partie d'un champ pour le cultiver plutôt que d'espérer se procurer des graines, des fruits et des légumes pour survivre. Ainsi, la vie quotidienne a connu une belle et bonne évolution : les premiers villages composés de huttes et d'habitations sur pilotis ont vu le jour, l'homme s'est ingénié à créer des objets en céramique et à polir les pierres pour les rendre plus tranchantes, et même les premiers textiles ont commencé à être produits. Comme on peut s'en douter, avec l'évolution de la vie quotidienne, l'art qui servait autrefois de rite propitiatoire n'est plus nécessaire à cette fin : les scènes de chasse sont remplacées par la documentation d'événements quotidiens, tels que les travaux des champs et le pâturage du bétail.

Le changement ne se révèle qu'avec le passage du paléolithique au néolithique, car ce n'est qu'à ce moment-là que la multiplicité des expériences offertes par la vision naturaliste est dépassée par la géométrie stylisée qui, au lieu de documenter la vie réelle dans son intégralité, vise à établir un concept, à créer un nouveau symbolisme et non pas de simples imitations. Les gravures rupestres du Néolithique dessinent la figure humaine avec quelques éléments géométriques très basiques : une ligne verticale pour le torse et deux demi-cercles pour représenter les bras vers le haut et deux autres demi-cercles pour représenter les jambes.

Les menhirs, célèbres monuments funéraires, sont perçus comme des portraits stylisés du défunt dans une pose plastique : la surface de ces constructions mégalithiques est constituée d'une ligne séparant la tête du torse, la partie la plus longue de la pierre ; deux yeux sont marqués sur le visage par deux points et le nez est inclus dans la bouche ou, parfois, dans les sourcils. Pour reconnaître l'homme de la femme, les menhirs étaient ornés de bras ou de seins, selon le cas. Les menhirs géants, terme que l'on peut traduire par longues pierres, sont des constructions qui étaient enfoncées dans le sol pour marquer un lieu de sépulture ou un lieu sacré en général - on en trouve aujourd'hui dans les îles italiennes, mais aussi dans les îles britanniques. En fait, cette pierre mégalithique n'est qu'un énorme rocher qui a été roulé jusqu'à l'endroit voulu, puis glissé dans le trou creusé, qui a ensuite été refermé pour rendre le menhir stable.

Une autre construction très intéressante, dont vous avez certainement déjà entendu parler, est celle des dolmens, des constructions qui servaient à marquer les tombes collectives ou à effectuer des sacrifices : ils étaient constitués de deux grands blocs de pierre placés en ligne verticale qui soutenaient une dalle horizontale. Un trilithe à la base, constitué de deux montants pas trop éloignés pour ne pas casser le linteau - en pierre, en effet, il n'est pas aussi souple et pas aussi stable qu'on pourrait le penser. Pour éloigner les deux montants, il est nécessaire d'utiliser un linteau plus épais, mais vous comprenez bien que c'était une solution peu pratique à l'époque, car les hommes ne disposaient pas encore de grues et de technologies modernes. Des dolmens et des menhirs disposés d'une certaine manière, précisément en cercles concentriques, formaient ce que l'on appelle le cromlech, un lieu dédié au culte du soleil - il s'agit par exemple de Stonehenge dans la plaine de Salisbury en Grande-Bretagne.

Ce changement de style, qui rend ce type d'art totalement abstrait, découle d'une reformation, d'une nouveauté, du milieu environnant : l'homme évolue à partir du moment où il décide de ne plus vivre au jour le jour de manière totalement passive et où il commence à produire les moyens de survivre de manière autonome, en cultivant la terre et en élevant des animaux. Il commence ainsi à triompher de la nature, à se rendre indépendant du destin et à subvenir méthodiquement à ses propres besoins, en se tournant vers l'avenir et en développant les premières formes de capital. Tous ces points clés sont les éléments qui permettront plus tard de différencier la société en exploités et exploiteurs, puis de différencier les métiers domestiques typiquement féminins des métiers masculins, tels que la défense des champs et la culture.

Le passage de la civilisation des chasseurs et des cueilleurs à celle des planteurs et des bergers s'est répercuté sur l'ensemble du rythme de vie : comme nous l'avions prévu, les nomades sont devenus des populations sédentaires, les groupes dissous se sont transformés en collectivités bien organisées mais aussi liées à la terre, et ce lien a développé une nouvelle économie visiblement en rupture avec celle improvisée qui avait été vécue pendant tant d'années. Maintenant, le style de vie est modéré, stable, organisé même en prévision de diverses éventualités, avec une communauté derrière lui plus ou moins regroupée et dirigée comme une unité : nous passons d'une existence sans centre à une vie qui, au contraire, gravite autour du terrain, de la maison, de la famille et... le sanctuaire.

Si, d'une part, la période préhistorique est caractérisée par l'ésotérisme, la magie et l'obsession de la survie et la peur de la mort et de la famine, d'autre part, l'envoûtement est remplacé par le culte et ses pratiques, mais aussi par les rituels. Il fut un temps où l'homme n'avait pas encore fait le lien entre le bien et le mal et une force derrière certains événements, peut-être parce qu'il était trop occupé à se procurer de la nourriture et à survivre : c'est l'homme devenu agriculteur (ou berger) qui commence à comprendre et à percevoir le destin comme quelque chose d'animé par des forces extérieures. C'est une véritable prise de conscience que nous dépendons de l'abondance et de la sécheresse ainsi que de la pluie, du soleil et de la peste, ce qui déclenche l'idée de l'existence d'esprits et de démons dispensant le mal et la bienveillance.

C'est la phase de l'animisme, religion foisonnante et féconde en esprits, de la croyance qu'il y a une âme dans le corps, que nous ne sommes pas faits que de chair, et du culte des morts. Selon l'animisme, le monde entier est divisé entre le réel et le surréel, un monde visible et un monde invisible peuplé de ces esprits. La foi et le culte s'accompagnent de la nécessité de créer des amulettes, des symboles sacrés, des tombes et des images à idolâtrer ; à cette époque historique, l'art profane se distingue de l'art sacré, qui devient intellectuel, composé d'idées et de symboles et non plus de simples reproductions irrationnelles. En effet, la reproduction devient progressivement un signe pictographique, les nombreuses images se perdent dans une sténographie presque dépourvue de valeur figurative. Si le peintre paléolithique était en effet un chasseur, il devait être aussi un observateur avisé et habile de la réalité, capable de reconnaître les migrations des animaux, mais aussi les lieux les plus fréquentés, d'avoir l'œil vif pour repérer les différences et les similitudes, l'ouïe fine pour trouver les indices même les plus cachés. En bref, les sens du peintre primitif devaient être constamment en éveil, à la recherche d'un signal provenant de la réalité la plus concrète possible - autant de caractéristiques que l'on retrouve dans l'art naturaliste typique du paléolithique ; aujourd'hui, cependant, le paysan néolithique comprend qu'il n'a plus besoin d'activer ses sens en permanence, qu'il n'a plus besoin d'observer attentivement la réalité qui l'entoure pour survivre. C'est ainsi que ses sens s'atrophient, de même que son sens de l'observation et sa sensibilité, ce qui lui fait perdre cette valeur pour acquérir des compétences plus rationnelles et orientées vers les affaires. L'art de cette époque devient synthétique, pratique, il n'a pas besoin de décorations et de gribouillages pour représenter la réalité, mais plutôt de symboles et d'images stylisées qui considèrent l'objet concret non pas comme l'image parfaite d'un monde similaire, mais comme la comparaison de deux mondes.

Cette comparaison donne lieu à une nouvelle conception de l'art, qui n'est plus un imitateur mais un ennemi de la nature, qui n'est plus une sorte de prolongement de la réalité. C'est un dualisme qui naît parallèlement à la foi animiste dont nous avons parlé plus haut, et qui revient ensuite dans tant de théories philosophiques que l'on retrouve dans l'antithèse esprit/corps, idée/réalité, âme/forme, etc. Un concept désormais indissociable de l'art. Un équilibre sera créé entre ces oppositions, mais aussi une tension perceptible dans tous les styles de l'art occidental, formel ou non.

Le nouvel art néolithique est constitué d'un style géométrique et ornemental qui domine entièrement les civilisations du bronze et du fer, l'Orient ancien et même la Grèce archaïque, comme nous le verrons : la domination de ce style est tellement incontestée qu'aucun courant artistique ne pourra plus jamais développer quelque chose de semblable. *Qu'est-ce qui permet à une conception artistique aussi schématique de perdurer aussi longtemps ?* On peut se poser la question. Cette diffusion du style géométrique coïncide avec l'unité sociologique qui domine le Néolithique : la population est désormais organisée d'une certaine manière, avec un centre qui gravite autour du foyer et du culte, ce qui contraste fortement avec l'individualisme et le désordre des chasseurs préhistoriques. Une anarchie, si l'on veut, un dynamisme qui se transforme en stabilité même dans le domaine de l'art et, par conséquent, l'art change également d'orientation : il veut désormais élargir l'expérience et la différencier, et non plus la répliquer. La vision de la réalité est désormais plus traditionnelle et statique et, par conséquent, les formes de vie deviennent elles aussi stationnaires, tout comme les formes artistiques, qui se transforment en quelque chose qui n'est pas dynamique, mais plutôt immuable.

Cette immuabilité se reflète également dans l'art de la poterie qui, en fait, voit la production de masse de pots. Au cours de la période néolithique, comme nous l'avons mentionné, l'homme a commencé à travailler la poterie en faisant cuire des récipients d'argile spéciaux dans des fours. La technique la plus utilisée était celle du colombin, où un cordon d'argile formait le vase, un objet qui a toujours fasciné et fascine encore l'homme : il l'a en effet incité à le décorer et à rechercher des formes nouvelles et plus modernes qui sont encore en vogue aujourd'hui. Ce n'est pas un hasard si l'art du vase actuel trouve son origine dans la période néolithique : en Chine, par exemple, les premiers vases en terre cuite ont été fabriqués, suivis par des vases plus complexes aux surfaces richement décorées représentant toutes sortes d'animaux, mais surtout des poissons. La signification de cet animal n'est pas connue, ni symbolique : le but était de mettre en valeur les décorations et d'attirer l'attention sur leurs contrastes. Le vase ainsi configuré prenait une signification extraordinaire et les thèmes représentés prenaient les sens les plus variés, même s'ils étaient les mêmes que dans l'art mural.

Sur le plan artistique, le Moyen-Orient a commencé sa propre production de céramiques, sous l'influence de la Chine voisine : les premiers vases étaient simples et de couleur brunâtre, avec une embouchure arrondie et ornés de coquillages, puis les motifs sont devenus de plus en plus figuratifs et géométriques jusqu'à devenir des formes et de véritables langages dictés par la créativité de l'artiste. Cette poterie embellie s'est alors répandue partout, de la Chine à l'Europe centrale, coïncidant avec la diffusion du calice orné de peignes et de roues.

Pourtant, cette transformation du naturalisme paléolithique au géométrisme néolithique ne s'est pas faite sans passer par une forme intermédiaire : probablement, certaines tribus paléolithiques basées sur la chasse avaient déjà commencé à conserver des bulbes, à épargner des animaux qu'elles allaient ensuite élever. Il ne s'agit pas d'un changement soudain dans les sphères économiques et artistiques, mais plutôt d'un renouvellement progressif. En ce qui concerne les conditions sociales et économiques de l'un et l'autre style - naturaliste et géométrique - nous pouvons dire que le naturalisme est lié à des formes de vie plus individualistes et profanes, avec un manque d'habitudes, de traditions et de routines fixes ; le géométrisme, en revanche, a davantage tendance à l'organisation indivisible et à une vision du monde orientée vers l'au-delà ; tout ce qui discerne et va au-delà de la vérification de ces relations est principalement basé sur des malentendus.

À l'époque où le naturalisme est encore en plein essor, des peintures de nature expressionniste plutôt qu'impressionniste fleurissent en Espagne ; les auteurs de ces œuvres d'art s'orientent davantage vers le dynamisme des corps et l'expression de gestes exaltés et exagérés par les proportions des membres. Nous avons en effet des poitrines trop fines, des jambes très longues et presque caricaturales, des bras qui se tordent et des articulations qui sont tout sauf droites. Cet expressionnisme ne s'oppose pas au naturalisme, même si les traits exagérés offrent une stylisation importante. Le véritable passage du naturalisme paléolithique au géométrisme néolithique s'opère avec la simplification des contours : progressivement, les contours des figures sont de plus en plus négligés, devenant abstraits et rigides. Ce schéma suit deux directions : l'une vise à créer des formes claires et identifiables au premier coup d'œil, tandis que l'autre s'attache à créer des formes décoratives agréables à l'œil.

Ainsi, au crépuscule de l'ère paléolithique, nous voyons trois formes substantielles de représentation artistique déjà bien développées : on parle d'art limitatif, c'est-à-dire de reproduction naturaliste, d'art informatif, c'est-à-dire de dessin pictographique, et d'art décoratif, d'ornementation abstraite.

L'âge des métaux

L'âge des métaux succède à l'âge de la pierre : il s'agit du cuivre, du bronze, du fer et de l'or, qui ont été utilisés pour produire des dizaines et des dizaines de nouveaux accessoires tels que des articles de travail et de soins personnels, des artefacts que nous utilisons encore aujourd'hui. Cette découverte a marqué un tournant décisif dans l'histoire de l'humanité d'un point de vue économique et social. Tout d'abord, la classe artisanale de ceux qui forgent les métaux, les forgerons, s'est formée ; les marchands sont devenus de plus en plus importants car ils assuraient la diffusion des marchandises même parmi les populations éloignées et leur travail a été facilité par l'invention de la charrette et de la roue. Ces échanges de marchandises ont toujours eu lieu le long des cours d'eau ou par voie maritime, car il n'existait pas encore de routes terrestres facilement praticables. C'est ainsi qu'est né le cabotage, qui évoluera plus tard vers la navigation en haute mer.

D'un point de vue artistique, la découverte des métaux a conduit à la création de formes schématiques sculptées en bas-relief en Lunigiana, une région située entre la Ligurie et la Toscane, en Italie, appelées statues-stèles : elles étaient faites de grès et travaillées avec des outils en pierre qui taillaient et grattaient les parties qui devaient rester en relief.

Une autre invention qui a particulièrement influencé la production de céramiques est le tour de potier, un outil permettant de créer des vases circulaires précis qui, à l'époque, étaient réservés aux sépultures des morts.

CHAPITRE 2

ART MÉSOPOTAMIEN

La Mésopotamie était réputée pour son économie basée sur l'industrie et le commerce, le crédit et la monnaie, selon le code d'Hammurabi datant du troisième millénaire avant notre ère. Cette dernière montre que l'artisanat et le commerce, la gestion du crédit et la tenue des comptes avaient atteint un développement remarquable, notamment en Babylonie où des opérations bancaires complexes étaient pratiquées pour l'époque - il s'agit de paiements à des tiers et de règlements mutuels de comptes. En outre, les échanges commerciaux et financiers étaient également beaucoup plus développés que dans le royaume égyptien ; ce n'est d'ailleurs pas un hasard si l'homme babylonien a été défini par les spécialistes comme le premier exemple d'*homo oeconomicus*.

La limite formelle de l'art babylonien, malgré une économie plus dynamique, est le despotisme rigide et l'esprit religieux peu tolérant qui compromettent l'action libérale de la cité, combinés au fait qu'à l'époque, l'art n'existe qu'au service du temple et du roi, et que personne n'a d'influence sur son développement, à l'exception du clergé et du souverain. L'artisanat rural était également très peu important (surtout si on le compare à d'autres civilisations de l'Orient ancien), et l'activité artistique était résolument anonyme - si tant est qu'on la compare à celle de l'Égypte : en fait, nous n'avons pas connaissance d'artistes mésopotamiens remarquables à ce jour. La seule preuve dont nous disposons aujourd'hui est la chronologie des événements. Le code d'Hammourabi assimile en effet les cordonniers et les forgerons aux architectes et aux sculpteurs.

Après cette brève introduction, nous pouvons commencer à parler de l'art mésopotamien, qui a été divisé en trois macro-catégories : l'art sumérien, l'art babylonien et l'art assyrien.

L'art sumérien

Commençons par dire que le terme "art sumérien", pour parler des formes d'art mésopotamiennes du IIIe millénaire avant J.-C., n'est pas vraiment exact, car s'il existe des textes de la période protodynastique écrits en sumérien, il s'agit toujours d'une vaste zone géographique avec une population très diverse. Il est donc impossible de reconnaître une autonomie ou des formes artistiques à un groupe linguistique spécifique.

L'origine du peuple sumérien reste inconnue : on sait seulement qu'il n'était pas de souche sémite et que les régions du Tigre et de l'Euphrate ont abrité d'autres civilisations. Ce qui est plus certain, en revanche, c'est que la civilisation sumérienne du 4e millénaire avant J.-C. résidait au nord, dans les monts Zagros, et qu'elle n'a occupé que vers 3500 avant J.-C. la région des deux fleuves déjà mentionnés. La raison pour laquelle les preuves qui nous sont parvenues sont rares est essentiellement double : les bâtiments de l'époque étaient faits de briques cuites et non de pierre, et, de plus, les Sumériens ne croyaient pas à la vie après la mort et n'avaient donc pas besoin de prendre la peine de conserver le corps en décomposition intact.

L'art sumérien connaît quatre phases :

- Période protohistorique (3500 - 2900 av. J.-C.)

- Période protodynastique (2900 - 2350 av. J.-C.)

- Période akkadienne d'Akkad (2350 - 2150 av. J.-C.)

- Période néosumérique (2120 - 2004 B.C.)

Période protohistorique (3500 - 2900 av. J.-C.)

Cette période historique est caractérisée par de nouvelles technologies, un développement organisationnel et un grand effort d'exploitation des terres agricoles qui produiront ce que l'on appelle la révolution urbaine, définie ainsi pour souligner l'accélération socio-économique rapide de la Mésopotamie au cours du 4e millénaire avant J.-C. C'est ainsi que les premiers centres urbains se sont développés, dépassant la structure du village néolithique et accompagnant la transformation à trois niveaux : technologique, organisationnel et démographique, définissant ainsi deux types de relations avec l'État, à savoir une relation de dépendance et une relation de liberté. La première consiste à travailler avec les moyens fournis par le roi ou avec un système de rationnement ou encore avec l'attribution de terres - donc avec un système de subsistance dépendant du palais - et l'autre dans laquelle c'est l'individu qui possède des moyens de production ou des terres agricoles pour subvenir aux besoins de sa famille. D'un point de vue technologique, le système de canalisation est amélioré, la machine à labourer est perfectionnée pour réduire le temps nécessaire au travail des champs et, par conséquent, la concentration de la population au centre de Sumer, à Uruk, augmente.

Dans cette période de grandes innovations, l'art tend également à raconter les transformations liées à l'agriculture et aux cycles naturels. En outre, les œuvres font souvent l'éloge de divinités et servent à prier pour la fertilité de la terre et de la vie. En termes d'architecture, des temples ont été identifiés comme le Steinstifttmosailtempel dans la région d'Eanna à Uruk, un bâtiment composé du temple mosaïque, du palais carré, de deux temples religieux, de la cour mosaïque et de la salle des piliers. Analysons-les ensemble.

Un bâtiment en mosaïque de cônes de pierre de 19 x 29 mètres renferme une cellule centrale et deux ailes symétriques, délimitées par des dalles de pierre. La mosaïque susmentionnée était très particulière, en effet elle était constituée de blocs de terre cuite coniques qui étaient insérés dans le mur comme s'il s'agissait de clous, puis disposés horizontalement en rangées qui se chevauchaient, la pointe étant bien sûr dirigée vers le mur.

Le Palais carré (conçu sur une cour de trente et un mètres) était entouré de salles sur tout son périmètre et disposait de plusieurs entrées sur tous les côtés. Les façades sont caractérisées par des saillies et des renfoncements, selon une tradition également connue dans d'autres complexes religieux de la région.

Dans ce vaste ensemble architectural, on trouve également une cour en mosaïque, faite elle aussi de cônes de terre cuite, colorés en rouge, blanc et noir.

Le dernier bâtiment du complexe est la salle des piliers (appelée par son nom allemand Hallenbau), qui servait autrefois d'observatoire solaire ou de calendrier, grâce aux ombres projetées sur le sol lors des solstices et des équinoxes. L'espace (18x41 mètres) se compose d'une grande zone rectangulaire bordée de deux ailes qui contiennent des pièces auxquelles on ne peut accéder que de l'extérieur.

Le style statuaire des premières œuvres de cette période est très naturaliste, manquant souvent de caractérisation, et les œuvres représentant des humains sont détachées, inexpressives pour évoquer une certaine spiritualité. La statue devient ainsi la relation la plus évidente entre l'individu et la divinité, puisque la personne représentée est dans une attitude de dévotion respectueuse. L'autorité suprême était représentée par le buste de la statue d'Uruk : de longs cheveux relevés par un diadème, une barbe ronde et épaisse, une musculature puissante, des mains serrées sur le ventre et une jupe courte (que l'on ne voyait pas à l'époque comme aujourd'hui) en faisaient un grand symbole d'immobilité et d'éternité.

Par rapport à la statue dont nous avons dit qu'elle représentait le lien entre l'homme et le dieu, le relief a davantage une fonction de célébration avec des significations larges liées à l'ordre social. À cette époque, la forme du campement de la communauté luttant contre des lions à l'aide d'une lance ou du chef luttant contre des taureaux semble donner l'idée que la direction de la communauté est capable de contrôler la nature, l'imprévisible, et évoque en même temps une certaine stabilité, un ordre social et un équilibre dans la relation avec la divinité.

Le sceau-cylindre a remplacé les premiers moules connus jusqu'alors dans toute la Mésopotamie supérieure et inférieure ; il avait pour fonction de contrôler les entrées et les sorties économiques et était roulé sur de l'argile qui, en durcissant, conservait son empreinte. La forme cylindrique a été délibérément utilisée pour mieux sceller une surface beaucoup plus grande.

Période protodynastique (2900 - 2350 av. J.-C.)

Cette période, appelée ainsi pour établir une continuité historique, présente une homogénéité culturelle alors que la Mésopotamie se caractérise par une myriade de cités-États et un polycentrisme notoire. Cette période est marquée par une forte croissance démographique dans les grands centres, comme Uruk, Lagash, Ur, Umma, Kish, Assur et Mari. Les complexes religieux conservent une certaine importance et l'art est le résultat d'une propagande précise visant à légitimer les rois des cités-états.

Par rapport au schéma tripartite de la période évoquée, l'architecture subit des variations substantielles, notamment entre les temples hauts et les temples bas. Comme on peut le voir dans les temples carrés d'Abu et de Shara, il y a maintenant une cour centrale entourée d'autres cours et chambres plus petites et d'une cellule de culte qui abritait la statue du dieu. Avec la période protodynastique apparaissent également les premiers complexes architecturaux palatiaux tels que Kish, Jemdet Nasr, Tell Asmar, Eridu, et Tell al-Willaya. L'insuffisance des résultats ne permet pas de reconnaître d'autres traits communs à l'architecture de cette période, en dehors des particularités déjà mentionnées.

En ce qui concerne la statuaire de l'époque, on peut dire qu'elle suit les canons artistiques fondés sur la base géométrique et développés ensuite dans la forme cylindrique. Il n'y a pas d'arêtes ou de traumatismes de lignes et l'image est sinueuse et douce. Les statues représentaient toujours des adorateurs en train de prier et étaient fabriquées d'une manière si schématique que la perspective naturaliste est à des années-lumière. Le principal objectif de la statuaire en Mésopotamie était de permettre aux gens de communiquer avec les divinités en créant un code qui pouvait servir à cette fin. Les bras sont centraux et les yeux sont de taille disproportionnée, chargés d'un pouvoir transcendant pour montrer qu'ils sont en dialogue avec la divinité.

La période protodynastique est caractérisée par la plaque votive, une dalle de 20 à 30 cm qui traite du thème d'un banquet à la suite d'une cérémonie religieuse, principalement. La stèle du vautour est particulièrement significative de cette époque et représente une nouvelle complexité dans la composition pour exprimer les concepts de la période précédente mais d'une manière innovante. La stèle susmentionnée exagère la narration et décrit ce qui s'est passé, pourquoi et comment, en formalisant les aspects entre le souverain, l'armée, les ennemis et les divinités. La stèle ne se contente donc pas de raconter l'événement lui-même, mais en explique le résultat en s'appuyant sur des réflexions qui conditionneront également la production artistique ultérieure.

Les sceaux protodynastiques sont complètement différents de ceux de la période précédente, dans la mesure où le héros nu est identifié à Gilgamesh tenant un taureau par les cornes ou la figure d'Enkidu représentée comme un homme-taureau. Ces scènes de combat entre héros et animaux reflètent probablement l'opposition entre les forces du mal et l'ordre imposé par les dieux.

Période akkadienne d'Akkad (2350 - 2150 av. J.-C.)

De la période akkadienne, il ne reste que très peu de choses, et l'on peut dire que les deux domaines artistiques couverts sont uniquement la statuaire et la glyptique.

L'exemple le plus remarquable de la statuaire est la Tête de Sargon, le fondateur du royaume akkadien. Il s'agit d'une tête en bronze trouvée à Ninive avec des paupières très marquées, un nez aquilin et des pommettes prononcées. Le visage est nettement moins abstrait mais plus réaliste que dans la tradition protodynastique antérieure. Même la barbe, qui se termine par deux mèches distinctes, est plus raffinée et rendue, les fines mèches étant remplacées par de simples lignes près de la bouche.

En revanche, en ce qui concerne le style du relief, l'œuvre qui exprime le mieux cet art est la stèle de Naram-Sin, conservée au musée du Louvre à Paris. Tout comme la figure de Sargon, celle de Naram-Sin remplace un modèle littéraire largement exploité dans la période précédente, en développant une communication idéologico-religieuse dans laquelle le contenu de la propagande est lié à des aspects de célébration du roi. La représentation communique un sentiment d'impartialité mêlé au drame de la scène, deux sensations données par la posture du général, son regard vers le haut et ses ennemis piétinés sur le sol. L'armée akkadienne n'est plus perçue comme une multitude compacte et à peine distinguable, mais elle est soulignée par le plan oblique sur lequel les personnages se détachent.

Période néosumérique (2120 - 2004 B.C.)

Après l'effondrement de la dynastie d'Akkad provoqué par l'invasion des Guti, un peuple de montagnards, la Mésopotamie a connu l'avènement de la dynastie de Lagash. Les Gutiens sont vaincus vers 2119 av. J.-C., mais ce n'est qu'après sept ans de règne que la dynastie d'Uruk doit céder la primauté à Ur-Nammu, le souverain de l'un des principaux centres du sud de la Mésopotamie.

Le souverain de Lagash, Gudea, est le personnage le plus énigmatique et le moins bien compris de l'histoire. Il est représenté dans l'art statuaire par des statues stéréotypées, vêtues d'une robe en forme de manteau dans laquelle on devine les pectoraux, dans une posture d'adorateur, les mains jointes sur la poitrine, mises en valeur par la grandeur de la perspective. Lorsqu'il n'est pas représenté chauve, il porte sur la tête un diadème à capuchon avec une haute bordure verticale agrémentée de boucles alignées. Ce type de coiffe sera largement utilisé par les souverains de la dynastie d'Ur. Bien que le matériau utilisé (diorite) et les aspects plastiques rappellent la période précédente, le souverain est désormais placé dans un nouveau concept, ce qui rend l'image compacte dans une nouvelle posture, plus formelle qu'auparavant.

L'architecture retrouvée à ce jour est concentrée dans les régions d'Ur, de Sippar et de Nippur, malgré le vaste programme architectural convoité par Ur-Nammu. Le quartier sacré d'Ur était constitué de nombreux bâtiments, organisés autour du ziqqurrat : un complexe religieux composé de deux ou trois terrasses auxquelles on accède par un escalier central et deux escaliers latéraux. Le sanctuaire se trouvait à l'étage le plus élevé. Autre usine monumentale, l'Ekhursag de Shulgi, qui devait être l'usine du palais, un bâtiment de 57 mètres de côté avec une entrée du côté nord-ouest, composé de deux grandes salles qui servaient d'antichambre et de salle du trône.

Les thèmes traités au cours de cette période sont centrés sur la figure du roi divinisé qui accueille les adorateurs (ou les fonctionnaires, selon la façon dont on veut les voir) insérés par une divinité mineure, selon un schéma répétitif déjà expérimenté dans les phases qui suivent la période akkadienne. Les figures sont placées de manière ordonnée, dans une exagération verticale des caractères.

Art babylonien

Trois grandes périodes caractérisent l'art babylonien : la période paléo-babylonienne, la période cassite et la période néo-babylonienne. Ce découpage nous a permis de mieux comprendre toute la seconde moitié du IIe et la première moitié du Ier millénaire avant J.-C., avec toutefois quelques lacunes documentaires. Analysons ensemble ces trois périodes.

Période paléo-babylonienne (2004 - 1595 av. J.-C.)

L'activité de construction à cette époque était intense et visait à restaurer les principaux complexes sacrés de Mésopotamie, tels que ceux de Nippur, Uruk et Ur. L'architecture sacrée, en général, développe des canons typologiques déjà connus à l'époque archaïque, à l'époque néo-sumérienne : nous avons trois vestibules qui introduisent une cour centrale ouverte et des cellules de dimensions identiques, avec une deuxième salle flanquée et un couloir qui court sur tout le périmètre. Cette typologie se retrouve dans le temple de Ningal, le Kititium d'Ishtar et le sanctuaire d'Enki.

L'art statuaire paléo-babylonien n'est pas très bien documenté, mais il est aussi fragmentaire par endroits : les seules œuvres attestées sont les statues originales d'Eshnunna, qui présentent une structure plate avec des références néo-sumériennes. Certains aspects de l'expression iconographique - on parle des sourcils, du rendu de la barbe, du type de diadème porté - permettent de dater la tête du souverain paléo-babylonien de Suse du XIXe siècle av.

Cette période se caractérise par l'apparition de stèles rappelant les verdicts judiciaires, flanquant la traditionnelle pierre commémorant les victoires de guerre ou la construction de nouveaux ensembles de temples. Le Codex d'Hammourabi est le plus grand témoignage qui nous permette de reconnaître et d'analyser le développement artistique qui caractérise la période paléo-babylonienne. L'inscription contient deux cent quatre-vingt-deux articles de lois qui portent sur la vie publique et privée : il s'agit plus d'un recueil de verdicts judiciaires que d'un véritable code de lois.

En ce qui concerne la glyptique, la différence fondamentale avec la période précédente, le Néo-Numérique, réside dans la position de la déesse qui se tient derrière l'adorateur, dans ses mains qui sont maintenant levées, et dans l'adorateur qui apporte une offrande à la divinité. Les éléments symboliques sont maintenant placés sous une loupe - on parle du disque radial enfermé dans le croissant de lune, des détails des longues robes des adorateurs. Les divinités les plus affirmées sont Shamash et Ishtar.

Période cassite (1595 - 1150 av. J.-C.)

L'activité de construction des souverains cassites s'inscrit dans la tradition antérieure : ils se sont réservé le droit de restaurer les principaux centres de la Mésopotamie. L'ensemble monumental le plus remarquable est celui de l'aire sacrée de Dur Kurigalzu, qui a ajouté deux temples au ziqqurrat isolé, l'un dédié à la déesse Ninlil et l'autre au dieu Ninurta. Ce type d'architecture n'est connu que par un bâtiment situé au nord-ouest de la zone, un espace organisé autour de neuf secteurs principaux reconnus comme administratifs, représentatifs et résidentiels. Le palais se trouvait à un autre étage, où se trouvaient les quartiers d'habitation de la famille du souverain.

En ce qui concerne le relief de Cassite, on reconnaît une série de stèles appelées kudurru qui permettent de retracer des aspects artistiques très novateurs. Désormais, il n'y a plus de démon lion, mais les symboles divins s'affirment sur des podiums soutenus par l'animal divin lui-même. Les registres ne sont plus utilisés et sont remplacés par une scène principale terminée par des symboles qui prennent des significations mineures, voir le relief de Nabuaplaiddina.

Période néo-babylonienne (625 - 539 av. J.-C.)

La période néo-babylonienne est ponctuée de rénovations architecturales concernant les murs de fortification de la ville et les complexes religieux. Ces derniers suivaient un modèle qui prévoyait une cour avec un mur ponctué de contreforts de chaque côté et des tours d'entrée à la cellule cultuelle, une cellule axiale avec un podium pour la statue placée dans une niche, et un couloir faisant le tour du bloc formé par la cellule et l'antichambre. C'est sur cette base que fut construit l'Esagila, un temple dédié à Marduk.

La glyptique suit des thèmes rituels dans lesquels un prêtre imberbe portant une longue robe se tient devant l'autel et des symboles qui nous aident à identifier une divinité particulière.

Art assyrien

La Mésopotamie, et en particulier la Mésopotamie septentrionale, connue sous le nom de triangle d'Assyrie, une portion de territoire comprise entre le Tigre et l'un de ses nombreux affluents, nous permet d'identifier des lignes d'évolution de ses manifestations artistiques et de sa pensée qui peuvent être substantiellement divisées en trois périodes : Paléo-assyrien, Moyen-Assyrien et Néo-assyrien. Voyons ensemble comment a évolué l'histoire artistique des Assyriens.

Période paléo-assyrienne (1950-1750 av. J.-C.)

Le temple d'Assur est le seul témoignage architectural de cette période ; il s'agit d'un temple orienté au sud-est, sur une cour trapézoïdale. L'édifice présente un plan rectangulaire et plusieurs entrées donnant sur la cour centrale, précédées d'un parvis.

Une influence similaire et une adhésion à des traditions plus archaïques semblent être connues à Tell Rimah, le centre qui a produit un complexe religieux monumental qui trouve des comparaisons planimétriques avec des édifices sacrés similaires à Larsa et à Mari. La structure est toujours posée sur une cour centrale qui s'ouvre sur un parvis dans l'axe de l'entrée cardinale du complexe.

Même dans l'art de l'arpentage, les preuves sont malheureusement sporadiques ; de plus, les quelques documents qui nous sont parvenus sont douteux et contradictoires. Un fragment de stèle attribué à Shamshi-Adad Ier doit être considéré comme l'un des reliefs les plus significatifs dans le paysage artistique incertain de l'Assyrie amorréenne. L'œuvre représente le triomphe sur le roi antagoniste, qui est terrassé par la masse dite triomphante et l'image d'un prince captif. Si la robe à franges appartient à la mémoire septentrionale que l'on reconnaît également dans la tradition statuaire des centres de Diyala, la représentation de la stèle de la victoire est également très proche de la tradition méridionale.

Bien que nous ne sachions pas exactement quand le ciseau a été utilisé pour la première fois, ce moment historique est caractérisé par son utilisation : il s'agit d'un petit ciseau utilisé pour travailler des matériaux très durs, tels que les pierres et les métaux. Les fers à ciseler sont essentiellement des tiges de fer - les plus modernes sont en acier - à section carrée ou ronde et à tête de forme différente selon l'usage que l'orfèvre veut en faire. L'extrémité opposée à la tête reçoit les coups de marteaux qui, sous l'effet de la pression, donneront à la surface des textures différentes : nous aurons donc des fers à tête ronde et lisse, d'autres pointus, d'autres avec des points, d'autres avec des étoiles, des cercles et des petites fleurs, par exemple. C'est grâce à l'utilisation du ciseau en combinaison avec le burin - outil servant à couper le métal - que les moindres défauts des statues ont commencé à être corrigés plus facilement, en finissant les parties creuses et en perfectionnant les détails tels que les cheveux et, plus généralement, les motifs décoratifs.

L'art glyptique du nord de la Mésopotamie est reconnaissable aux empreintes de sceaux trouvées dans le triangle d'Assyrie, aux sceaux-cylindres d'Assur et aux tablettes commerciales paléo-assyriennes trouvées en Cappadoce. Malgré les différentes formes des sceaux, le thème traité est le même, à savoir la présentation des fidèles devant un souverain divinisé ou devant une divinité dont les variables iconographiques sont reproduites. L'évidence stylistique plus large se caractérise par un allongement prononcé des figures, par une élimination totale du naturalisme, par un traitement grossier qui aboutit à une stylisation figurative plus prononcée et, à nouveau, par une angularité des icônes qui trouve une comparaison dans les glyptiques contemporaines d'Anshan.

Période moyenne-assyrienne (1360-1050 av. J.-C.)

C'est avec la figure d'Assuruballit I que nous avons la grande croissance du nouveau royaume médo-assyrien, c'est en effet lui qui contient le royaume du Mitanni grâce à la mise à mort du roi Tushratta et à l'approche d'Artatama de Khurri. Le nouveau souverain possédait désormais une grande partie du sud de la Méosopotamie et de la côte du golfe Persique, et portait désormais les titres de roi de Karduniash, roi de Sumer et d'Akkad, roi de Sippar et de Babylone, roi de Dilmun et de Melukhkha.

Après l'assassinat de Tukulti-Ninurta Ier (victime d'une conspiration de palais), il est difficile de préserver l'autonomie politique de l'Assyrie face à l'ascension babylonienne d'Adadshumausur et de Nabuchodonosor. Cependant, sous le roi Tiglath-Piléser Ier, l'Assyrie réussit à nouveau à reprendre des tranches de territoire au nord (en battant les peuples Papkhi, Mushiki et Kashka) et à l'est (contre Musri et Meliddu). Plus tard, le roi assyrien réussit également à soumettre Kakemish (jusqu'à la ville d'Arwad) où il obtient les tributs de Biblo et de Sidon. Enfin, il s'empare de Babylone, dont le palais royal est également incendié.

Un intense programme de restauration mais aussi de construction ordonné par Salmanassar Ier caractérise le royaume moyen-assyrien qui verra s'élever la nouvelle capitale d'Assur sur l'autre rive du Tigre. Le temple d'Assur est certainement le plus célèbre, grâce aussi au développement particulier de son plan latitudinal.

Ces aspects structurels et planimétriques, déjà connus dans le passé, montrent de fortes adhérences aux modèles architecturaux des usines sacrées de Larsa et d'Ur. La référence à l'architecture traditionnelle est due à ses origines en Mésopotamie centrale et méridionale, d'où une tradition architecturale était partie cinq siècles plus tôt.

Grâce au souverain Tukulti-Ninurta I, de nouvelles constructions et la restauration de nombreux édifices se sont poursuivies, dont le double temple de Sin et Shamash, datant du XVe siècle av. Le bâtiment reflète des caractéristiques très précises et bien établies de la richesse architecturale de la Haute Mésopotamie, présentant de nombreuses similitudes avec les fabriques moyen-assyriennes et l'architecture néo-assyrienne. Les restaurations et les nouvelles constructions se poursuivent sous Tukulti-Ninurta Ier, notamment la reconstruction du double temple de Sin et de Shamash, fondé au début du XVe siècle av. Le bâtiment suivait des canons bien établis de richesse architecturale que l'on trouve en Haute Mésopotamie, présentant des aspects proches des bâtiments contemporains de la Moyenne Assyrie et des formulations architecturales plus tardives de la période néo-assyrienne. L'architecture palatiale de l'Assyrie moyenne n'a pas été retrouvée en grande partie, mais des éléments du palais d'Adad-Nirari I ont été mis en évidence. Ce complexe palatial a permis de prévoir les dispositifs planimétriques qui seront plus tard plus développés dans les grandes résidences des souverains assyriens du premier millénaire avant J.-C. : le schéma qui sera repris dans certaines variantes comprend le babanu, une grande cour extérieure, et le bitanu, la cour intérieure avec une salle de trône médiane et une entrée oblique.

Il est important de noter que l'art moyen-assyrien est l'un des premiers à s'orienter vers la narration abstraite (dans une première forme très élémentaire), qui exploite la dramaturgie expressive pour représenter des sujets dynamiques : on peut y discerner le goût narratif qui privilégie la reproduction des événements et leur dynamisme, mais aussi le caractère tragique des faits de guerre. C'est la première fois que ce dynamisme émerge et il restera dans la mémoire sculpturale qui caractérisera la période néo-assyrienne ultérieure ; on trouve de nombreux exemples de ce relief narratif dans l'obélisque brisé d'Assurbelkala, à Ninive.

Cette période est également marquée par des évolutions notables dans le domaine de la glyptique. En particulier, les ateliers d'Assur commencent à travailler sur de nouveaux styles, plus formels et élégants, avec un fort goût naturaliste. On s'éloigne ainsi de l'influence mithannique pour expérimenter de nouvelles solutions artistiques plus libres et plus indépendantes.

Période néo-assyrienne (911-615 av. J.-C.)

Sous Adad-Nirari II puis Tukulti-Ninurta II, l'Assyrie entame une nouvelle phase qui met fin à des années de crise grave affectant l'économie et la politique du pays. Mais c'est avec les gouvernements suivants (Assurnasirpal II, Salmanassar III, Shamshi-Adad V et Adad-Nirari III) que l'empire a pu s'étendre encore plus considérablement, jusqu'à dominer l'Égypte et la mer Méditerranée (appelée à l'époque mer Supérieure).

Le souverain Tiglath-Piléser III entreprend de restructurer le royaume en structurant les territoires occupés en provinces dans le but d'exercer un contrôle plus direct sur les régions soumises en désarticulant les arrangements territoriaux antérieurs.

Au VIIe siècle, la puissance de l'Assyrie est reconnue dans le monde entier : son pouvoir s'étend, grâce à Sennachérib, Esarhaddon et Assurbanipal, de la Méditerranée au golfe Persique, de l'Égypte à l'Anatolie. Babylone est ainsi éradiquée et le royaume d'Urartu vaincu.

Mais d'autres peuples, comme les Mèdes, ont su exploiter les failles politiques, créant ainsi les premières conditions de l'effondrement de l'Assyrie. En effet, sous les attaques des Babyloniens et des Mèdes, Assur (614 av. J.-C.) puis Ninive (612 av. J.-C.) tombent, capitulant devant les attaques de Cyaxar II et de Nabopolossar.

Après ce bref rappel historique, nous pouvons passer à l'histoire de l'art de cette dernière période, la néo-assyrienne. Sur le plan architectural, qui concerne les principales capitales du royaume - il s'agit de Khorsabad, Kalkhu et Ninive déjà citée - nous avons des palais organisés autour de deux cours principales appelées babanu et bitanu réunies par une sorte de charnière en forme de compartiment, constituée de la salle du trône développée longitudinalement avec le podium positionné sur le petit côté opposé à l'escalier. Les développements ultérieurs des bâtiments palatiaux sont influencés par les innovations architecturales et les structures imposées par Assurnasirpal Il dans le palais nord-ouest de Nimrud, où la forme artistique la plus révolutionnaire réside d'un point de vue architectural, plus particulièrement dans la décoration figurative sur les dalles orthostatiques avec des thèmes de chasse, de guerre et de mythologie.

Le palais d'Assurnasirpal II au nord-ouest de Numrud, composé de huit espaces palatiaux, s'étendait sur environ deux cent trente mètres et était construit autour de cours qui définissaient plusieurs quartiers ayant une fonction spécifique. Un autre exemple est le palais royal construit par Sargon Il à Khorsabad, dont les portails monumentaux étaient ornés d'énormes taureaux ailés et d'inscriptions décoratives réalisées dans des matériaux précieux tels que l'ivoire, le buis, le genévrier, le cyprès, le mûrier, l'érable, le tilleul et le cèdre. Des rondins de cèdre ont été utilisés pour recouvrir les plaques de bronze qui bordaient les battants des portes, tandis que des dalles de calcaire décoraient les murs à l'intérieur. Le palais comptait cinq cours au total, trois intérieures et deux extérieures, qui délimitaient un corps articulé dont les échos se retrouvent clairement dans le complexe Ekal Masharti de Nimrud.

Depuis la première clairière, on passe immédiatement aux trois zones du complexe : à l'ouest, la zone sacrée avec les temples dédiés au culte et le ziqqurrat, à l'est, les quartiers administratifs et de stockage, au nord, la zone palatine réservée au souverain avec la résidence du roi et d'autres salles utilisées pour la représentation. La salle du trône mesurait trente-sept mètres de long et onze mètres de large et se dressait selon des dispositifs planimétriques adoptés précédemment dans le palais du nord-ouest d'Assurnasirpal II à Kalkhu, déjà mentionné.

De nouvelles expériences sur une vision exclusive de l'espace qui s'affranchit des critères de corrélation et de symétrie connus dans les complexes palatiaux précédents font du palais royal de Khorsabad un extraordinaire laboratoire du langage architectural ; la frontière visuelle révolutionne la manière de concevoir les espaces, qui deviennent plus grands et plus ouverts, monumentaux, moins contraints par la régularité géométrique.

Le palais situé dans la partie sud-ouest de Ninive mesurait 503 x 242 m après sa dernière extension et a été construit par Sennachérib, qui l'a qualifié de palais inimitable. Aujourd'hui, seule une petite partie de 200 x 190 m est connue, car les parties sud et ouest du complexe ont été supprimées en raison de l'érosion du flanc de la colline. Sur le modèle de la cour extérieure du palais de Khorsabad, on trouve la salle du trône, bordée de deux espaces distincts formés par des cours ornées de contreforts et de tours. À l'ouest se trouvent deux cours intérieures, toutes deux dotées d'ailes à triple portail, ce qui constitue peutêtre la plus grande innovation architecturale de l'ensemble du complexe. Le secteur de la partie sud-ouest avec des compartiments parallèles présente des similitudes avec le quartier projeté vers l'extérieur, tandis qu'une grande originalité est expérimentée dans l'utilisation répétitive de symétries planimétriques et d'entrées qui brisent les structures perspectives en faveur d'une spatialité plus étendue destinée à accroître la monumentalité de l'édifice. Les barrières architecturales, dépourvues des décalages transversaux des entrées, sont désormais absentes, de sorte que l'espace est dilaté et le rendu de la perspective encore plus révolutionné.

En ce qui concerne la statuaire de cette période historique, nous avons un courant purement votif et placé à l'extérieur des sanctuaires, connu grâce à une série de reproductions qui semblent typées et canoniques, comme le souverain représenté en position érigée, tenant le sceptre comme symbole incontestable de sa royauté, tandis que de l'autre main il tient la longue crosse courbée, sans porter de diadème sur la tête et enveloppé dans une longue robe cérémonielle à franges sur laquelle on trouve souvent une inscription. Le peu de preuves qui nous sont parvenues semblent suffisantes pour définir la divergence des traits et des styles dans les expériences ultérieures connues à Khorsabad et à Ninive.

Le haut niveau atteint par les poses plastiques, les finitions et le modelage est visible dans les dix statues retrouvées à Khorsabad, qui semblent rompre complètement avec le style plat, fermé et plus lourd - si l'on peut dire - des statues de Salmanassar III et d'Assurnasirpal II. Même la tête inachevée de Ninive semble plus proche des divinités protectrices de Khorsabad en raison de leur forme et de leur volume, plutôt que de la nature schématique de la statuaire antérieure.

La grande transformation que nous observons dans le cycle mural de Sennachérib concerne le fait que dans chaque pièce nous trouvons la représentation d'un seul et unique événement, produit avec exactitude et précision : la guerre, le siège, les batailles, la prise de la ville et même la déportation des prisonniers. Le programme figuratif de Sennachérib, situé dans le palais nord de Ninive, récupère l'environnement naturel, qui n'était auparavant indiqué que de manière allusive, symbolique et totalement schématique. Une importance beaucoup plus grande est désormais accordée au contexte environnemental, qui est représenté avec beaucoup plus d'attention et de soin.

La dureté des épisodes inédits de la guerre est attestée par les reliefs du palais de Ninive, qui se caractérisent également par la diversification des détails qui accroissent le drame. Les épisodes de chasse, souvent représentés sur les ensembles sculpturaux, avaient pour but de représenter le roi comme la force dominante du chaos, conformément à la tradition qui voyait le souverain comme responsable de l'ordre cosmique et garant de la volonté divine. Un peu comme les pharaons en Egypte, intermédiaires des dieux et garants de l'ordre universel. Dans la réalisation des nouvelles œuvres sur le thème de la chasse, les ateliers d'Assurbanipal modifient la manière d'appréhender l'espace par rapport aux reliefs de Sennachérib : en effet, désormais les canons naturalistes ne sont plus suivis avec précision, mais les espaces n'ont plus aucune référence paysagère où la narration passe au second plan par rapport aux exploits de chasse du roi, qui sont même considérés comme épiques.

Les techniques picturales de la période néo-assyrienne se retrouvent dans les bâtiments du Palatin et plus rarement dans les lieux de culte ; il s'agit de peinture à sec, de peinture vernissée sur des plaques d'argile, mais aussi de briques peintes, souvent en relief sur une seule des faces. Il est très probable que la partie supérieure des murs abritant les reliefs ait été ornée de peintures qui complétaient les reliefs eux-mêmes, augmentant ainsi les célébrations pour le souverain. Le meilleur témoignage de ce type de peinture se trouve dans le palais de Till Barsip en Syrie : ces peintures, qui subsistent encore aujourd'hui, ont très probablement été exécutées par le souverain de Turtanu, Shanshi-Ilu, qui a su habilement profiter du vide politique créé entre la mort d'Adad-Nirari III et l'arrivée au pouvoir de Tiglath-Piléser III.

Un cycle pictural qui a dû connaître une grande expansion, puisque des traces de peinture bien conservées ont été retrouvées dans le palais royal avec des représentations en noir, rouge et bleu montrant Sargon II, son fils Sennachérib et le dieu Assur avec un diadème tronqué en train de recevoir les cadeaux offerts par Sargon II et son fils portant les symboles associés au grand dieu du soleil. Cette scène est représentée dans une frise dont les formes s'inspirent des stèles de pierre des souverains néo-assyriens. Il semble que le cycle pictural de Sargon II suive très précisément les principes imposés par le souverain pour la réalisation des ornements sculpturaux : la représentation exprime par essence le concept de solennité et de sérénité, suivant un style dépourvu de toute emphase qui se veut l'interprète d'un nouvel idéal dans la conception même de l'empire.

La même complémentarité s'observe avec le cycle de peintures de Till Barsip de 2000, peintures où l'on discerne des exécutions censées représenter des copies des reliefs de chasse de la salle C du palais nord de Ninive. Il est très probable que le programme de propagande mis en œuvre par les souverains d'Assyrie comprenait un effort important et minutieux sur les cycles picturaux des tapisseries et des palais ; les tapisseries, en particulier, représentaient un simple élément décoratif au sein des bâtiments du souverain, mais étaient également destinées à reproduire des idéologies et des iconographies sur la moralité et les vertus du roi.

Au cours de la période néo-assyrienne, le sceau-cylindre est remplacé par le sceau-moule, qui devient alors l'outil de scellement le plus utilisé, en particulier au VIIe siècle. Les thèmes varient également légèrement au cours de cette période, qui sont principalement liés à des scènes mythologiques (batailles d'archers, de héros, affrontements entre démons, dieux, etc.) et s'adressent à des divinités spécifiques.

Le style de ces nouveaux sceaux est en plastique et consiste en un moule sur lequel la gravure est insérée à l'aide d'une perceuse ou d'un burin. On peut faire remonter cette série à l'époque de Salmanassar III, où l'on assiste à une nouvelle expérimentation babylonienne et à l'élaboration de nouveaux canons esthétiques. Un certain nombre de sceaux sont moins précis et plus schématiques, plus plats et plus sommaires, et sont considérés comme l'héritage des dernières phases de la période assyrienne moyenne, avec une large diffusion tout au long du IXe siècle avant J.-C. avant de devenir presque complètement rares au VIIIe siècle avant J.-C. Les cylindres en pâte de verre constituent une catégorie à part, où l'on retrouve différentes normes thématiques : des scènes de chasse, comme un archer contre un animal ou un être fictif, sont récurrentes ; leur diffusion est limitée aux IXe et VIIIe siècles avant Jésus-Christ.

Au cours du VIIe siècle, le sceau-moule s'est également imposé dans toutes les représentations historiquement typiques du sceau-cylindre.

CHAPITRE 3

ART GREC

Les débuts de l'art grec remontent à environ 1000 ans avant J.-C. avec le passage de l'âge du bronze à l'âge du fer, bien qu'il soit vraiment difficile d'établir une date de début, mais surtout une date de fin pour l'art grec. Il peut s'agir du IIe siècle avant J.-C., lorsque les États hellénistiques sont progressivement absorbés par l'Empire romain, de l'effondrement de l'Empire ou, encore, de l'adoption du monothéisme chrétien. Un autre problème pourrait être de ne chercher l'art grec que dans la Grèce que nous connaissons. Tous ces problèmes de définition ne peuvent certainement pas être résolus d'un coup de baguette magique, car ils découlent d'une caractéristique fondamentale de l'art grec : l'immensité des formes et des sujets qui varient selon le lieu, le moment historique et la fonction des œuvres. Présenter l'art grec, c'est mettre en valeur la variété formelle et dynamique, en tenant compte du contexte culturel et sans fixer de limites trop rigides.

A partir de cette phase, pour ainsi dire déroutante, de l'art grec, les savants ont proposé trois subdivisions avant d'arriver à la Grèce archaïque : on parle de l'âge proto-géométrique, de l'âge géométrique et de l'âge dédalique-oriental. Analysons brièvement ces trois périodes et passons ensuite au développement de l'histoire de l'art grec avec les périodes archaïque, classique puis hellénistique.

Âge protogéométrique (1050 - 900 av. J.-C.)

L'autonomie figurative grecque est liée à l'étude des décorations sur les poteries trouvées en Grèce et exportées plus tard à Chypre, en Palestine et en Syrie. Notre principale source sur la connaissance de la céramique protogéométrique sont les objets funéraires trouvés dans la nécropole d'Athènes ; il s'agit de pots travaillés sur le tour du potier et recouverts d'un vernis que la cuisson rend très sombre, pour ne pas dire noir. Les principales formes sont de contenir des liquides comme avec les amphores, ou de mélanger du vin avec de l'eau avec les cratères, de mélanger du vin avec les oinochoai, de le consommer avec les skyphoi ou, encore, de collecter des liquides avec les hydriai. Ces récipients sont solides et robustes, avec un pied large pour assurer la stabilité.

Les vestiges de bâtiments sont très rares en raison de la forte dispersion des populations, et il est difficile d'interpréter les traces laissées dans les structures unicellulaires de forme ovale.

Âge géométrique (900 - 700 av. J.-C.)

Vers la fin du 10e siècle avant J.-C., la Grèce a réussi à sortir de l'isolement culturel et économique qui avait caractérisé les mois précédents. Le commerce est réactivé vers l'Orient et les objets trouvés dans les nécropoles d'Athènes (colliers d'ivoire, or, matières premières) témoignent du début d'une nouvelle phase culturelle et économique, qui voit aussi la différenciation des couches sociales.

Ce n'est pas la quantité des objets trouvés qui définit cette différence, mais leur qualité : trente-quatre vases peints, des bijoux et une maquette de grenier à blé ont été trouvés sur les pentes de l'Aréopage, autant d'éléments qui énoncent la haute position sociale occupée par la tombe féminine retrouvée.

Dans les grands sanctuaires helléniques, la présence des bronzes s'est intensifiée. Il s'agit de petits objets fabriqués à partir de moulages solides représentant une grande variété de sujets, des animaux tels que les taureaux, les oiseaux et les chevaux aux musiciens, aux artisans et aux guerriers. C'est précisément dans cette dernière que l'on peut voir le fort dynamisme et l'organicité des visages, malgré leur forme géométrique.

Les trépieds en bronze à l'intérieur des sanctuaires, prix convoités lors des compétitions olympiques, sont également intensifiés, seules les parties porteuses telles que les jambes, les bras et les poignées étant mises en évidence, tandis que le centre est toujours lisse.

L'âge de l'orientalisme (700 - 610 av. J.-C.)

Au cours de cette période, les peuples helléniques ont assimilé des motifs et des décorations orientaux, probablement en raison d'échanges commerciaux de plus en plus fréquents ; les objets importés étaient des bijoux tels que des ivoires, des textiles et des bronzes, mais aussi des matériaux exotiques tels que des coquillages décorés et des œufs d'autruche peints. L'Orient influence tous les aspects culturels de la Grèce : les légendes orientales sont traduites dans la mythologie grecque, comme dans les figures de Pégase, de Méduse, de la Chimère, des griffons, des centaures et des sirènes.

Grèce archaïque

Notre point de départ correspond à 610 av. J.-C., car c'est à partir de cette date qu'est apparue une nouvelle civilisation, très différente de celles qui l'entouraient. Contrairement à la Mésopotamie, à l'Égypte et à l'Anatolie, la Grèce est constituée d'un grand nombre d'entités régionales distinctes, tournées vers la mer plutôt que vers l'intérieur. Cet éclatement a favorisé la constitution d'un langage artistique varié mais apparenté, riche en concurrence et stimulant la création d'œuvres toujours nouvelles. Outre la langue et l'expression artistique, les Grecs avaient en commun l'image de leurs dieux transmise par les poèmes homériques et, de fait, les centres culturels de Delphes et d'Olympie sont nés de ce point commun.

Ce grand paradoxe - culture profondément fracturée et en même temps unie - tient au fait que les Grecs étaient conscients de vivre dans une région autrefois occupée par des personnages historiques qui vivent encore dans l'Iliade, l'Odyssée, mais aussi dans les ruines disséminées çà et là dans le paysage. Il s'agit de la civilisation mycénienne, d'une population de héros ancestraux, protagonistes de récits mythologiques : donner corps à cette patrie a été le principal motif de la créativité artistique dans le domaine des arts figuratifs et de la littérature.

Avec la disparition des centres de pouvoir mycéniens et le dépeuplement de l'arrière-pays au profit des établissements situés le long de la côte, une véritable crise culturelle s'est produite en Grèce. Le fer commence à remplacer le bronze dans la fabrication d'armes et d'outils divers, mais très peu de témoignages nous sont parvenus : il s'agit d'objets en terre cuite, principalement des vases, décorés dans un nouveau style appelé géométrique. Ce décor se compose de motifs circulaires ou rectilignes non figuratifs et est ponctué de zones claires et sombres. À ce stade de l'histoire grecque, le temple est une forme architecturale distincte, composée d'une chambre longitudinale entourée de colonnes, emblème de l'architecture grecque.

Si l'art semble occuper peu de place dans la réalité vécue, on peut dire qu'il était profondément présent dans l'imaginaire : il est chanté par les bardes dans les poèmes homériques qui racontent des faits héroïques comme la toile de Pénélope, les armes d'Achille, le palais de Ménélas... une figure emblématique est celle d'Héphaïstos, le fils d'Héra qui n'était pas aimé à cause d'une malformation au pied. Malgré son problème physique, il était le dieu du feu, de sorte que personne - ni les dieux ni les hommes - n'aurait pu survivre sans lui. D'ailleurs, les Athéniens ont reconnu son importance et l'ont honoré en lui consacrant un temple et un culte au centre de la ville, en même temps que la patronne de la polis, Athéna. Il était bien connu que sans la polis, l'humanité dans son ensemble n'aurait pas survécu, car le travail et la créativité des artistes auraient fait défaut. La polis, en fait, était la communauté autodéfinie, le noyau de l'organisation traditionnelle qui permettait à plusieurs familles homologues de coexister au sein d'une même communauté. Désormais, une constante de l'histoire grecque sera la tension entre deux forces politiques antagonistes : d'une part la polis, d'autre part les individus émergents. L'émergence de la polis se manifeste par la croissance de l'agora et de l'acropole, mais aussi par des fortifications de plus en plus complexes dues au manque de terres arables, source de conflits entre communautés voisines. Cette nouvelle situation se reflète dans les sanctuaires, notamment celui d'Olympie et l'Héraion de Samos, qui ont inspiré divers artistes à donner vie aux objets en y insérant des ornements et des figures.

L'expression la plus authentique de l'art grec se trouve dans les offrandes votives qui, à partir de la seconde moitié du VIIe siècle avant J.-C., ont pris des formes statuaires et monumentales en marbre qui représentaient des témoignages éternels d'une fière piété religieuse. L'île-État de Naxos, par exemple, a dédié à Délos une statue de neuf mètres de haut du dieu Apollon ; la ville d'Argos possède un groupe sculptural représentant les frères Cléobis et Bitho, qui ont traîné leur mère Cidippe dans un char jusqu'à un sanctuaire d'Héra. Toutes ces œuvres n'ont été conservées que parce qu'elles ont été enterrées dans l'Antiquité, et nous ne pouvons qu'imaginer combien d'autres ont été perdues aujourd'hui. Les ex-voto privés, en revanche, sont plus fréquents et représentent des jeunes gens selon un schéma fixe : le corps nu, les bras baissés, le pied droit en avant, les mains serrées en poings reposant sur les cuisses. Les figures masculines étaient souvent votives à Poséidon ou Apollon et étaient appelées kouroi, tandis que du côté féminin, nous avons les korai, des statues de belles filles richement vêtues, avec le pied gauche avancé et faites en l'honneur d'Athéna. Le vêtement est l'élément clé pour comprendre l'image sociale de la femme et, à la période de l'Archaïque récent, les personnages des statues portent des drapés à plusieurs couches, de riches fronces et des vêtements en partie moulants. L'élégance de la posture est accentuée par l'ourlet légèrement relevé de la robe et les visages sont encadrés par des cheveux qui tombent en mèches ondulées pour souligner la sensualité de la femme.

Malgré leur importance à l'époque archaïque, il n'est pas si facile d'identifier et de définir la signification des kouroi et des korai : ce que nous savons avec certitude, c'est qu'il s'agit de représentations de jeunes corps et non d'images idéalisées. Ces statues étaient placées dans les sanctuaires comme le meilleur cadeau à la divinité, car elles n'étaient que la représentation de la nouvelle génération dans laquelle la polis plaçait ses espoirs. Les kouroi et les korai avaient également pour fonction d'être des statues funéraires, non marquées et représentées dans toute leur splendeur athlétique dans le cas des garçons ou dans leur amabilité juvénile pour les filles, avec des sourires victorieux déterminés. Au moyen d'images iconographiques simples, les idéaux de l'aristocratie sont représentés, c'est-à-dire la beauté masculine, la beauté féminine, le guerrier, l'athlète... et la qualité d'un point de vue artistique est toujours remarquable. Ce sont surtout ceux qui sont morts jeunes ou loin de chez eux qui sont transformés en images : dans les inscriptions des tombes, il n'est pas rare de voir des épigrammes déplorant le sort funeste qui a été réservé à ces personnes. *« Regardez le monument de Cléoïtas et lamentez-vous : comme il était beau, et pourtant il a dû mourir »*. Il ne s'agit pas ici de penser au monde d'outre-tombe, mais simplement de regretter la perte de la vie terrestre.

C'est dans cette même sphère, entre le privé et le public, que se situe la céramique figurative à usage funéraire mais aussi décoratif [1] qui abandonne le style géométrique pour embrasser les événements mythologiques, du moins à Athènes. À Corinthe, en revanche, les fabricants de céramique se sont spécialisés dans la décoration fine et minutieuse, car les poteries étaient destinées à contenir des parfums fins pour l'exportation vers des marchés lointains. Cette divergence de goût et de fonction reflète pleine-ment le polycentrisme culturel que la Grèce traîne depuis l'âge géométrique. Des céramiques de valeur étaient offertes dans les sanctuaires et placées sur (ou à l'intérieur) des tombes, et bien qu'il s'agisse principalement d'une fonction publique, un petit

---

[1] En effet, dans la vie sociale de la polis primitive, une maison richement meublée avec des meubles, des ustensiles et des vases précieux - sans parler des bijoux et des vêtements de qualité - attestait de la valeur et de la richesse.

cercle de personnes, nous parlons bien sûr des aristocrates, avait accès à ce type d'art afin de pouvoir l'exposer dans les murs de leur maison. Les récipients peints constituent l'élément le plus connu de la grande variété d'ornements utilisés lors des occasions les plus importantes de la vie sociale, telles que les fêtes religieuses dans la ville ou les symposiums qui réunissaient des compagnies d'hommes. Ces objets n'avaient pas la même valeur que d'autres fabriqués à partir de matériaux moins durables, mais la décoration peinte les élevait d'une certaine manière au-dessus des céramiques ordinaires. La céramique est ainsi devenue l'un des moteurs de la prospérité athénienne, augmentant en nombre et en qualité décennie après décennie et s'étendant jusqu'à la lointaine Étrurie. La poterie décorée d'événements mythologiques a évolué au fil du temps : au début, les figures étaient peintes sur le fond clair de l'argile en silhouettes noires enrichies en partie seulement de blanc et de rouge, puis les détails étaient gravés. L'objectif était de reproduire les corps sans créer de lacunes sur des surfaces homogènes. À un certain moment, cette technique ne suffit plus à répondre aux exigences d'une reproduction de plus en plus détaillée ; c'est pourquoi, vers 530 avant J.-C., la manière de peindre est inversée : le fond est entièrement noir et les figures sont laissées dans la couleur claire de l'argile, ce qui permet de peindre leurs détails à l'aide de minuscules pinceaux en poils de soie. Le rouge et le noir ne sont pas des matériaux différents, c'est la même argile purifiée à des degrés divers - un processus qui exige beaucoup d'habileté pratique avant l'esthétique. Les Grecs appréciaient d'ailleurs beaucoup le savoir-faire, la techne des artistes.

L'évolution ultérieure, qui s'est achevée à la fin de la période archaïque, s'est caractérisée par la recherche de formes de plus en plus naturelles et de moins en moins stylisées. Le regard est tourné vers l'observation des détails, des articulations, des muscles, des cheveux, bien que le motif des figures telles que kouroi et korai soit toujours constant. L'innovation n'est donc pas radicale, mais l'amélioration vise à la réalisation des modèles donnés, une évolution progressive vers la sculpture à grande échelle qui ramène inévitablement à Dédale, le seul artiste aux qualités mythiques. Il est le grand inventeur par définition, dans l'absolu, de tout l'art figuratif - on disait que ses œuvres parlaient et marchaient, au point qu'il fallait les enchaîner. Tous les artistes dont nous avons des témoignages historiques sont cependant restés dans les limites humaines et ont développé une mentalité différente : ils étaient conscients à la fois de leurs propres capacités mais aussi de la grande aide apportée par Héphaïstos et Athéna, qui dispensaient leur art aux artisans et à tous les créateurs. C'est grâce à cette prise de conscience que les artistes parviennent à obtenir une certaine reconnaissance sociale, même s'ils ne peuvent prétendre à une vie aristocratique - ils restent en effet de simples artisans travaillant avec leurs bras. À cette époque, la créativité n'était pas encore perçue comme une valeur capable de franchir certaines barrières sociales.

Grèce classique

Les siècles qui vont de 500 av. J.-C. à Alexandre le Grand appartiennent à la période classique de la Grèce, avec les tragédies de Sophocle, Euripide, les comédies d'Aristophane, et la philosophie de Socrate, Aristote et Platon, qui ont conduit la Grèce à placer l'homme au centre du monde d'une manière tout à fait novatrice. Les formes bidimensionnelles sont dépassées pour accueillir la troisième dimension, faite de volumes et de profondeur que l'on retrouve dans les frontons du temple dorique d'Aphaia à Égine : dans celui de l'est, la composition est plus enveloppante et rend plus authentique chaque geste des duellistes, tandis que dans celui de l'ouest, qui a représenté la même composition mais dans le style archaïque, on remarque la plasticité des gestes des guerriers. Parmi les figures en mouvement se distingue Nike, la déesse ailée de la victoire et de la compétition qui, contrairement à celle offerte à Délos vers 560 avant J.-C., semble voler. *Comment donner du mouvement à une statue ?* Peu avant la destruction de l'Acropole par les Perses, un sculpteur réussit à se distinguer en créant un jeune homme nu qui ne ressemble à aucun autre : le poids du corps est reporté sur la jambe gauche, la jambe droite, soulagée de son poids, est légèrement fléchie et, par conséquent, la hanche de la jambe d'appui est plus saillante, ce qui fait basculer le bassin et provoque une contraction de la hanche gauche. Le bras gauche, tendu sur le côté, pend de l'épaule légèrement derrière le droit, qui est tendu vers l'avant, peut-être parce que le personnage tenait un bol pour les offrandes sacrificielles. La statue ressemble beaucoup à celles des tyrannicides et est attribuée au sculpteur Kritios, mais son créateur reste incertain. La seule certitude est que ce modèle de sculpture s'est imposé dans toute la Grèce, simplement en raison d'une signification très claire : l'homme est conçu d'une manière nouvelle, comme un être capable de se lever et de se mouvoir par ses propres moyens.

Les nouvelles connaissances des sculpteurs se reflètent également dans les céramiques figuratives qui, désormais, sont presque entièrement fabriquées à Athènes. Les progrès des décorateurs dans le rendu de l'anatomie et de l'interaction des figures permettent de situer les vases dans une séquence évolutive inextricablement liée aux phases de l'histoire grecque. La technique du dessin n'est pas moins élaborée que le travail de l'argile et la cuisson des vases : si les surfaces noires et les contours épais sont exécutés avec de simples pinceaux, les lignes en relief sont gravées avec une technique qui relève plus du graphiste que du dessinateur.

Toutes ces acquisitions techniques ont eu lieu autour du VIe siècle et n'auraient pas été réalisées sans l'émancipation intellectuelle et la conscience politique de la communauté : la démocratie a jeté les bases pour créer de nouvelles conditions pour les fonctions de l'art figuratif, car les projets publics devaient être soumis aux évaluations strictes de l'assemblée populaire et même les sculptures privées devaient suivre des règles dictées par l'égalité, ce qui a conduit à la régression des monuments funéraires.

Le temps présent est mis en avant, une situation nouvelle pour les Grecs, qui vivaient pour le passé mythique - le présent avait semblé manquer de héros d'importance historique, de toute évidence. Ce n'est qu'au Ve siècle que les formes littéraires et artistiques s'intéressent aux personnages contemporains, à travers des monuments publics dédiés aux exploits politiques, des statues honorant des personnes méritantes, et des tragédies qui mettent en scène des thèmes contemporains. La découverte de l'histoire se rapporte au présent : son propre temps acquiert une pertinence égale à celle de la préhistoire mythique.

Le changement fondamental de la structure a trouvé sa plus grande manifestation dans un nouveau type de monument politique. En effet, vers 500 avant J.-C., les citoyens ont érigé un monument symbolisant la démocratie à l'intérieur même de l'Agora. Lorsque les Perses détruisirent des bâtiments et des sculptures lors de la conquête d'Athènes, ils s'emparèrent de ce monument dédié au couple d'amis Aristogiton et Harmodius, pensant ainsi faire du tort aux Athéniens qui, seulement un an plus tard, parvinrent à reprendre leur ville. Chassant les tyrans, les Athéniens décident de laisser les sanctuaires en ruines afin qu'ils servent d'avertissement et construisent un nouveau monument aux tyrannicides pour remplacer le précédent, retrouvant ainsi leur identité. Cette nouvelle œuvre, réalisée par les sculpteurs Kristios et Nesiotes, présente les deux amis comme les protagonistes idéaux de la communauté urbaine : ils s'apprêtent à lancer une attaque contre un antagoniste qui n'est pas représenté. Ce n'est pas l'épisode lui-même qui est raconté, mais plutôt la notion d'engagement et de mise à disposition de la communauté. Avec une personne plus âgée et une plus jeune, les tyrans incarnent parfaitement les deux générations qui font la force de la communauté et la corrélation homoérotique souligne les liens qui la maintiennent unie. Tous deux sont un véritable modèle de solidarité, considérée comme l'une des principales vertus du citoyen. L'énergie est donnée par le mouvement des deux corps, au pas allongé et à l'arme levée, prête à frapper.

Les grandes statues étaient une nouveauté unique, car elles avaient été reléguées à des fins religieuses, du moins jusqu'alors. Le fait qu'un mémorial ait été érigé au centre de la ville sans aucune fonction religieuse était le signe du début d'une nouvelle ère. La place principale de la ville, l'agora, devient ainsi un espace politique : Aristogiton et Harmodius participent à l'assemblée populaire, qui sert de modèle à toute décision politique, chaque citoyen devenant une ressource potentielle pour empêcher l'incursion de nouveaux tyrans.

Toujours dans l'agora, un portique peint a été construit, savamment décoré des exploits des Athéniens contre les Amazones et de la conquête de Troie avec les héros athéniens, mais aussi d'événements plus actuels comme la récente bataille contre Sparte et la bataille de Marathon. Le présent est ainsi parfaitement juxtaposé au mythe redevenu d'actualité.

Les temples étaient liés aux conditions historiques de leur époque, telles que les conflits entre les cités-États, les systèmes d'alliance et les guerres perses, comme en témoignent les ornements sculptés sur les tympans, les frises et les métopes. Les considérer comme des monuments politiques, notamment le Parthénon d'Athènes dont nous parlerons dans un instant, est une simplification car les temples étaient avant tout des constructions religieuses. La lutte contre les Perses a également été bien plus qu'une lutte de pouvoir : le conflit a donné naissance à une nouvelle vision du monde, du juste et de l'injuste, de l'ordre et du désordre. L'orientation va au-delà de l'occasion politique et de l'idéologie de l'État, qui est toutefois étroitement liée à la religion. Les dessins iconographiques des temples ne sont pas des manifestes politiques, mais des réactions religieuses à des expériences politiques.

Après la victoire sur les Perses, les habitants du Péloponnèse érigent un nouveau temple dans le sanctuaire de Zeus à Olympie, lieu où les représentants de nombreuses cités se réunissent dans l'esprit de l'identité grecque. Sur le tympan arrière, on peut voir la violence du combat entre Lapithes et Centaures qui s'étaient jetés sur les jeunes filles et les jeunes hommes alors qu'ils participaient à un festin. Apollon est la figure qui affirme l'hospitalité et la force religieuse : il se tient au centre de la scène, le bras tendu pour arrêter les méchants. Mais il n'est pas le seul personnage que nous pouvons reconnaître, puisque nous avons également les héros Thésée et Pyrite qui exécutent les ordres du dieu. La centauromachie est une métaphore de la dangereuse antithèse entre la guerre civile et la nature sauvage, et il appartenait aux dieux d'imposer l'ordre pour mettre fin à l'outrage, un thème particulièrement pertinent pendant la guerre contre les Perses. Le choix de représenter un épisode de l'histoire de Thésée, héros fondateur d'Athènes et emblème de la démocratie, est un hommage à la ville. L'autre fronton, plus calme et ordonné, fait de Zeus la pièce maîtresse du décor : il joue le rôle d'arbitre entre deux concurrents qui s'apprêtent à disputer la première course de chars. D'un côté, Pelops, qui deviendra le roi du Péloponnèse, et de l'autre, Oenomaus, le roi de Pise.

Les deux frontons ont en commun le contraste entre la mesure et l'ordre d'une part, le désordre et le chaos d'autre part : un thème récurrent dans les tragédies d'Eschyle. Les métopes représentées sont au nombre de douze comme les travaux d'Hercule, patron du Péloponnèse et fils de Zeus. Dans certains de ces exploits, comme on le sait, c'est Athéna elle-même qui a aidé le héros, ce qui est peut-être une indication supplémentaire de l'orientation péloponnésienne, athénienne et panhellénique de la décoration - le style des sculptures est difficile à situer, bien que la qualité et l'unité stylistique soient indiscutables.

Pourquoi les décorations du temple de Zeus à Olympie sont-elles basées sur des événements mythologiques et non réels ? On peut s'interroger sur ce point. Pour les Grecs, la pensée rationnelle et l'imagination étaient complémentaires, et non pas incompatibles comme nous pourrions le penser, nous qui vivons dans la modernité. Il est vrai que les événements de la mythologie se déroulent dans un passé lointain, mais il est également vrai qu'ils ne cessent d'affecter la situation actuelle. Les mythes ne sont pas des inventions, mais contiennent la vérité de la poésie, et les raconter verbalement ou par l'image, c'est justifier les réalités du présent. L'intervention divine réaffirme la validité des principes de base de la coexistence et ceux qui ont visité le temple de Zeus dans le passé se sont sentis rassurés. Cette interaction entre l'œuvre et le spectateur fonctionne également avec des monuments moins bien conservés et beaucoup plus anciens, comme ceux de l'acropole d'Athènes, d'Égine ou de Sélinonte, par exemple.

L'offrande d'œuvres d'art, de bronzes et de statues individuelles était une façon de payer ses dettes aux dieux et à la communauté, car la société était fondée sur l'idée que la loi est la même pour tous et que ceux qui possédaient plus étaient également obligés de dépenser plus pour la polis, même si l'avantage économique se transformait ainsi en renommée : un paradoxe typique de la mentalité grecque.

Le programme iconographique le plus complexe du temple grec est celui qui orne le Parthénon situé en plein cœur de l'Acropole d'Athènes. Monument le plus emblématique de l'histoire de l'art grec et le plus majestueux, il a été construit trente ans après la victoire sur les Perses et est marqué par le patriotisme de la ville. Au-dessus de l'entrée, le tympan représente la naissance d'Athéna de la tête de Zeus, ce qui témoigne de la grande ambition de la ville qui revendiquait déjà les origines de son nom. La présence d'autres divinités rehausse leur apparence : nous parlons d'Aphrodite sensuellement enveloppée dans des robes, d'Athéna sur l'autre tympan dominant le dieu de la mer Poséidon dans la lutte pour la domination d'Athènes. La ville elle-même se révèle dans la frise qui orne les murs de la cellule avec la grande procession pour la fête d'Athéna. À l'est, le thème principal est la gigantomachie, la lutte des dieux de l'Olympe contre les géants qui menaçaient de renverser l'ordre ; à l'ouest, les Athéniens qui défendent l'acropole contre les Amazones ; au sud, la centauromachie, la tentative de renversement à l'époque des héros. Enfin, au nord, la guerre de Troie est évoquée. Seul celui qui se rend sous la colonnade peut distinguer la frise au-dessus de la cella, formée par une procession qui s'enroule autour du rite principal avec les grandes divinités - douze au total - entourées des héros des tribus en lesquelles la population était divisée, les dix phylaì. Ceux qui participent sans la nature divine apparaissent avec des animaux à sacrifier, quelques hommes âgés ayant des fonctions publiques et des jeunes gens à cheval. Ces idéaux étaient clairs : la démocratie ne développait pas et n'affirmait pas sa propre idéologie des classes inférieures, cherchant à étendre l'autoreprésentation de la classe supérieure à de plus grandes parties du peuple. Dans la cellule se trouvait la statue d'Athéna, une jeune femme avec une toison de chèvre et le masque de la Gorgone sur la poitrine, une statuette de Nike dans la main droite et la main gauche posée sur le bouclier historié à l'intérieur duquel s'enroule un serpent. Bien qu'elle en soit capable, cette Athéna ne se bat pas, contrairement à l'Athéna Promachos.

Le projet du Parthénon a été réalisé aux dépens du tribut payé par les alliés, profitant de cette saignée économique pour recruter les meilleurs sculpteurs dans d'autres villes. Le mode de décoration des édifices était une complication, car les ornements n'étaient pas clairement visibles du haut des frises et des frontons ; à partir du IVe siècle avant J.-C., l'art grec a cherché à renforcer l'effet immédiat des œuvres figuratives, oubliant progressivement les formes traditionnelles de la décoration en architecture.

Phidias restera à jamais lié au Parthénon, mais d'autres œuvres lui ont également été attribuées, notamment la statue chryséléphantine de Zeus à Olympie, c'est-à-dire faite d'or et d'ivoire comme la Parthénos ou la vierge Athéna[2], l'Athéna de Lemnia, présentée comme la plus belle Athéna de Phidias ; parmi ses prédécesseurs figurent l'auteur du Discobole, Myron, et les auteurs inconnus des guerriers de Riace. Ce dernier a échappé à un massacre qui aurait touché toutes les statues de bronze de l'Antiquité. Tous ces auteurs mettent l'accent sur la nudité masculine, un phénomène typique de l'art grec qui souligne la divergence avec notre culture. Une figure nue n'est pas simplement déshabillée, mais présente l'essence même de sa personne, son statut social, son âge, ses qualités morales et physiques. En effet, à l'époque grecque, le corps et l'âme n'étaient pas des entités que l'on pouvait distinguer, mais le corps tout entier devait exprimer la volonté de la personne et les ornements, les armes, les vêtements ne servaient qu'à exprimer le message du corps. Le corps étant nu, la composante sexuelle a également un impact, voire la fin en soi, qui était considérée comme positive et acceptée comme faisant partie intégrante de la vie - les restrictions de la sexualité étaient imposées aux femmes pour assurer la légitimité des enfants. Bien que le corps masculin représente le corps humain en général, il existe une distinction claire avec le corps féminin, qui peut appartenir à la

---

[2] Il s'agit d'un personnage de douze mètres de haut, taillé dans les matériaux les plus précieux dont disposaient les Grecs : les robes étaient recouvertes d'or et tout le reste était en ivoire. En outre, Athéna portait une riche armure composée d'un casque, d'une lance et d'un bouclier (dont l'intérieur était ciselé d'images de la gigantomachie tandis que l'extérieur était rempli d'images de la lutte contre les Amazones) pour symboliser sa force militaire, Nike se tenant sur sa main était le porteur de la victoire ainsi que la personnification du succès.

sphère d'Aphrodite ou aux victimes de la violence. L'attrait érotique se manifeste davantage dans les corps enveloppés de vêtements transparents, comme on peut le voir dans les figures de Nike de la période classique, que dans les nus.

Un autre nom célèbre de cette époque est celui de Polyclète avec ses athlètes, un domaine essentiel de la culture grecque qui n'a fait l'objet que plus tard de représentations à grande échelle. Les kouroi sont certes marqués par l'idéal de l'entraînement athlétique, mais leur charge n'avait rien à voir avec ce domaine ; ce n'est qu'au Ve siècle que ces sculptures sont devenues un genre à part entière, régi par des lois qui lui sont propres. Les statues d'athlètes étaient placées comme cadeaux votifs dans des sanctuaires, un lieu où ils exprimaient leur gratitude pour la victoire et le succès. Le mouvement a été immortalisé de manière révolutionnaire comme le montre le discobole de Myron, qui a réussi à résumer les forces explosives du corps - les ligaments inguinaux, la tension et la torsion du corps, les muscles de l'abdomen, des épaules, de la poitrine, les tendons du cou - en deux mouvements contraires : le corps tendu vers l'avant avec un pied, tandis que les bras et la tête sont balancés vers l'arrière, prêts à conquérir l'élan. Le corps se soulève par à-coups lorsque le bras s'apprête à lancer le disque avec force. Mais, comme nous l'avons mentionné, c'est Polyclète qui a excellé dans la création d'athlètes puisqu'il a été chargé de réaliser des œuvres pour Olympie et d'autres sanctuaires. Son Doriforo est devenu célèbre dès le début, le porte-lance, le héros qui incarne l'idéal athlétique par excellence avec l'extrême de la figure réfléchie. Dans la sculpture, tout se passe dans le corps et ses énergies : la jambe délestée repose légèrement sur le sol avec la pointe du pied, sans poser toute la semelle, de sorte que le poids est complètement transféré sur l'autre jambe. La position est tellement inclinée qu'elle doit être compensée par une flexion encore plus importante du corps ; de plus, les membres actifs et passifs sont en relation croisée : la jambe d'appui, la droite, correspond au bras gauche qui tient le javelot, tandis que le bras passif est le droit et correspond à la jambe déchargée du poids du corps, la gauche. Ces principes sont respectés jusque dans les moindres détails, même les boucles des cheveux sont déformées et recomposées, formant de merveilleuses tensions qui créent une harmonie parfaite de poussées et de contre-poussées équilibrées.

Polyclète est célèbre pour avoir été le premier artiste à étudier les principes de son art en les exposant dans le Canon, l'un de ses écrits qui traite des proportions et des mesures, de la relation entre la main et le doigt, entre le bras et l'avant-bras, etc. pour composer une statue parfaite. À cette époque, l'ambition intellectuelle espère atteindre l'idéal par la rationalité, et le Canon est censé esquisser un idéal esthétique, mais aussi éthique. Les Grecs étaient convaincus de pouvoir créer une image de l'homme parfait. *Mais comment vivre au milieu de tant de corps idéaux ?* Cela fait sourire à une époque comme la nôtre, où nous sommes bombardés d'images brillantes sur les médias sociaux et partout. Comme si nos traits, par rapport à ceux-là, n'étaient pas tout aussi parfaits.

Les sculptures de l'Acropole ont également influencé les fabricants de céramique qui ont continué à exporter leurs œuvres en Italie. Vers 425 av. J.-C., on observe également une évolution vers un style plus authentique et animé, avec des formes réalisées avec une grande expressivité.

La fin de l'Acropole coïncide avec la fin de la guerre du Péloponnèse ; durant la première moitié du IVe siècle, Sparte, Thèbes et Athènes, les trois plus grandes cités-États, rivalisent par des alliances internes pour l'hégémonie en Grèce. Le roi de

Macédoine, Philippe II, réussit à mettre fin à ces conflits en s'opposant à l'Empire perse, l'ennemi commun. Cette belligérance ininterrompue a conduit à l'épuisement des citoyens, contraints de s'entraîner au combat dès leur plus jeune âge, et a fini par les saigner à blanc en amenant de plus en plus de mercenaires sur le champ de bataille. À ce stade, l'individu est de moins en moins en empathie avec la polis et le privé tend à supplanter le public.

Prémisse nécessaire et utile pour comprendre la raison de cette même tendance artistique, au IVe siècle, avec l'effondrement du pouvoir, les sculpteurs manquent également pour exécuter les majestueuses commandes publiques : leur travail se concentre désormais principalement sur les reliefs funéraires et votifs commandés par les familles ou envoyés à l'étranger, comme dans le cas du temple d'Apollon à Bassae, du temple d'Athéna Aléa à Thégée ou du temple d'Asclépios à Epidaure. Par osmose, les traditions locales sont occultées par le langage artistique commun né depuis l'époque du Parthénon et médiatisé par le style individuel de chaque sculpteur - les quelques noms qui nous sont parvenus sont Skopas, Lysippe, Praxitèle et Léocharès. Ces nouvelles tendances artistiques peuvent être résumées en quelques lignes : outre le repli sur la sphère privée, la caractéristique principale est la conscience d'être dans une réalité très différente du passé récent, dont elle ne peut cependant pas se détacher. Le Parthénon, Phidias et Polyclète sont devenus des classiques, ce qui incite les sculpteurs à se plonger dans les expériences de leurs prédécesseurs : les modèles traditionnels sont repris pour exciter le spectateur. Désormais, Aphrodite, Dionysos, Eros et toutes les autres divinités sont plus proches de l'individu, tout en gardant une certaine distance.

Pour mieux comprendre ce concept, nous pouvons nous tourner vers Praxitèle, le sculpteur athénien le plus connu et le plus imité depuis l'époque byzantine, qui a réalisé des œuvres en bronze ou en marbre esthétiquement parfaites, tout en étant classiques et détachées. L'œuvre la plus admirée est sans doute l'Aphrodite de Cnide, la première représentation entièrement nue de la déesse sur le point de se baigner, penchée et timide, alors qu'elle repose ses vêtements sur une amphore et couvre sa nudité de sa main. La nudité est la conséquence directe du nouveau concept de divinité personnifiant son pouvoir, ce que l'on appelle la fascination érotique. Une autre œuvre connue de Praxitèle est le groupe représentant Hermès, le messager des dieux, livrant le nouveau-né Dionysos aux nymphes : le dieu fait face à l'enfant et dessine avec son corps une ligne courbe pleine de sensualité, grâce au poids transféré sur une jambe et à l'arbre sur lequel il s'appuie.

Skopas, quant à lui, a su exprimer au mieux la passion à travers le mouvement du corps et les physionomies elles-mêmes - il est d'ailleurs le prédécesseur de l'hellénisme. L'émergence de l'individu est soulignée à la fois par la notoriété des artistes et par la fréquence des portraits qui immortalisent la physionomie de la personnalité des grandes figures politiques. Même dans les sculptures du IVe siècle, l'idée de vouloir l'emporter sur ses concurrents et de surpasser les réalisations de ses prédécesseurs reste évidente.

La fin de la guerre dans le Péloponnèse a également eu un effet profond sur la production de céramiques : le niveau de qualité a baissé et les exportations d'objets se sont orientées vers les villes grecques de la mer Noire, au détriment de destinations plus occidentales. Les compositions reflètent la peinture monumentale, avec des superpositions et des raccourcis qui approfondissent l'espace, des couleurs qui donnent de la vie et de l'énergie aux scènes et des ombres qui rehaussent les volumes. Avec le crépuscule de la polis, nous passons à la phase hellénistique, une transition au cours de laquelle Lysippe couvre tout le IVe siècle avec sa figure humaine. Le kouros de cette époque acquiert la conscience et le mouvement tout en restant immobile ; de plus, les jeunes athlètes de Polyclète acquièrent une telle liberté de mouvement qu'elle semble illimitée. Les plus grands sculpteurs du IVe siècle découvriront plus tard l'émotion dans la perfection du corps et, avec elle, le provisoire et l'éphémère. Praxitèle semble surprendre même les personnages divins, la Déméter de Léocharès est saisie par la nostalgie de sa fille perdue, la maenade de Skopas oublie qu'elle est de marbre en virevoltant dans l'extase... C'est l'observation attentive du réel qui conduit les artistes à la vérité des sentiments.

La nouvelle structure de la figure humaine basée sur l'antithèse entre détente et tension est une nouveauté qui caractérise l'image de l'homme jusqu'au début du XXe siècle. Le grand privilège a été de pouvoir représenter le mouvement et l'énergie de manière naturelle : le corps est soumis à la force de gravité et, en fait, peut s'appuyer et se dresser contre elle dans toute sa vigueur ; les figures deviennent autonomes, elles sont capables de se tenir sur leurs propres jambes. Il ne s'agit pas de simples capacités physiques, mais bien de liberté, de la possibilité de décider de sa propre vie grâce à ses propres capacités. Une découverte fondamentale qui a également impliqué une série de changements au niveau politique et religieux. La femme, par exemple, est représentée selon la dynamique de la réflexion : si le pouvoir du mouvement est réservé à l'homme, les figures féminines reçoivent l'ethos grec, car les vêtements légers qui enveloppent sensuellement le corps sont abandonnés - ils sont désormais apparentés aux Perses - pour faire place aux nouveaux vêtements, plus lourds, qui dissimulent le corps sous des étoffes ordonnées horizontalement et verticalement.

Outre les significations que nous pouvons attribuer à la forme d'art, une nouvelle vision de l'ordre du monde et des lois de la nature émerge : avec la figure réfléchie, la force physique est montrée de manière prédominante dans ses contrastes. Il y a donc tension et détente, soulagement et soulèvement, et ainsi de suite. Si une jambe porte le poids, l'autre en est soulagée et, par conséquent, le corps est également droit et le bassin incliné d'une certaine manière. Contrairement aux kouroi et korai archaïques, qui ne laissaient place qu'au détail, la figure lestée demandait désormais explicitement à l'artiste de faire ses choix : où placer le poids, sur quelle jambe, quel bras rendre passif et quel bras actif, dans quel sens tourner la tête. Tout est à la disposition de l'artiste qui peut enfin développer un style personnel, s'élevant au-dessus de l'artisanat professionnel typique de la période archaïque.

La période hellénistique

Le changement de cadre politique - l'expédition victorieuse contre la Perse conduisant Alexandre en Anatolie et en Égypte - s'accompagne inévitablement d'un changement de cadre artistique. Des populations entières ont fusionné, donnant naissance à une nouvelle culture hellénique, hétérogène en profondeur mais uniforme en surface grâce au langage et aux motifs de l'art grec. Après la mort prématurée d'Alexandre, trois grands royaumes sont formés : Antigone dirige la Grèce et la Macédoine, Antiochus reçoit la Mésopotamie, la Syrie, l'Anatolie et la Perse, et l'Égypte passe sous le contrôle de Ptolémée. Parallèlement, l'économie et les structures sociales changent, tout comme la production artistique : Athènes est réduite à un misérable siège de la culture classique et les centres artistiques moins célèbres deviennent les capitales de la période hellénistique.

Si le Parthénon était l'élément clé de l'art classique, nous avons maintenant l'autel de Pergame qui se trouvait au centre d'une des terrasses monumentales qui dominaient la ville du haut de l'acropole. L'autel était situé dans une cour à portique dont les murs étaient décorés en relief et reposait sur un haut socle représentant la bataille des dieux de l'Olympe contre les Géants, qui, dans ce cas, représentaient les Galates d'Anatolie, une menace récurrente pour le royaume du Parchemin. Le point culminant du combat se situe à l'est, avec la victoire de Zeus et de sa fille Athéna sur de puissants antagonistes, sous le regard de Gaea, la mère de la terre et mère commune des dieux et des géants. Au sud sont représentées les divinités de la lumière et des étoiles, tandis qu'au nord se trouvent celles du destin et de la nuit. Cette composition témoigne de l'ambition de Pergame d'être au centre de l'univers, avant même les Grecs.

Les rares cités indépendantes n'ont rivalisé avec les monarques qu'à quelques occasions et l'une de leurs œuvres remarquables est la Nike se jetant sur des ennemis imaginaires depuis la proue d'un navire positionné dans un bassin d'eau parsemé, pour ainsi dire, de rochers naturels. Cette insertion des œuvres d'art dans un contexte naturaliste a permis à l'espace de servir de cadre à des effets novateurs et grandioses.

Les souverains hellénistiques exerçaient un tel pouvoir sur leur peuple qu'ils se rapprochaient de la conception du pouvoir divin : l'impression qu'ils voulaient donner était qu'ils étaient surnaturels grâce à leur fort charisme et à leurs énergies indomptables, une situation qui a également influencé l'art. En effet, les dieux de l'hellénisme se divisent principalement en deux catégories : les dieux paternels comme Poséidon, qui parvient à dompter les forces de la mer d'un seul geste, et les jeunes héros divins comme Dionysos, modèle par excellence d'un mode de vie voué à l'abondance et à la conception d'un bonheur rêvé ; une conséquence évidente du choix politique d'Alexandre le Grand, qui renonce au rôle paternel pour embrasser celui de héros. Parallèlement, il y avait Aphrodite sur laquelle se déversait toute la multiplicité des mouvements et des formes - comme mentionné, la plus étonnante est celle prise alors qu'elle est accroupie prête à se baigner et que ses mains couvrent sa nudité. L'interaction entre le spectateur et la déesse est immédiate : le premier est déconcerté et la déesse réagit avec la même surprise à son apparition. On peut considérer l'épouvante comme un stratagème esthétique, mais pas seulement, car l'intention était de rendre les dieux perceptibles sans aucun doute quant à leur existence.

Il est en effet difficile de comprendre dans quelle mesure les sculptures des divinités servaient de cultes dans les temples ou étaient placées comme dons votifs dans les sanctuaires ; en tout cas, les images cultuelles continuaient à se référer aux représentations faites à l'époque classique, ainsi Athéna dans le temple de Priène, Zeus dans le temple d'Antioche, Déméter et Despoina flanquées d'Anitus et d'Artémis. Avec cette opération, il ne s'agit pas d'un retour au classicisme, mais de déterminer un aspect extérieur contraignant pour le culte. Ces formes stylistiques ont également fortement influencé les sculpteurs grecs de Rome et d'Italie en général, pour les images des divinités du nouveau pouvoir politique émergent.

Comme les dieux, les mythes traditionnels ont été ravivés dans des sculptures de grande taille avec un grand pathos, la capacité de susciter une émotion intense et une participation totale à l'effet esthétique. Si, à l'époque archaïque et classique, les représentations des mythes mettent en scène des comportements éthiques et des exploits idéaux - la lutte contre les géants -, les images hellénistiques mettent en scène des destins dramatiques et exemplaires. Marsyas, qui avait défié Apollon lors d'un concours de musique et avait été condamné à mourir écorché, est représenté de manière brutale et inhumaine : Marsyas est pendu à un arbre et tous ses traits physiques sont extrêmement réalistes. Devant lui, on voit un scythe aiguiser un couteau, le visage dénué de pitié pour la victime sur le point d'être écorchée. Un autre exemple frappant est la sculpture du Laocoon : son corps est l'emblème de la lutte contre la mort et son visage est pétrifié dans une pose de chagrin éternel. Les serpents ne sont pas considérés comme des antagonistes, mais comme des instruments de menace et de mort sous une forme passive.

Les mythes de l'époque hellénistique apparaissent dans une ambivalence : d'une part, les figures ne représentent plus des idéaux, mais sont en réalité un spectacle dramatique provenant d'une sorte d'autre monde, et d'autre part, ces représentations acquièrent une présence qui met le spectateur en confrontation directe avec le mythe. Aucun jugement n'est porté sur le bien ou le mal, mais les images suscitent la compassion au sens le plus émotionnel du terme.

Le monde figuratif de l'hellénisme se distingue des périodes précédentes par l'étendue des formes, des thèmes et des modèles culturels - les êtres humains et les dieux, les hommes politiques et les citoyens sont toujours représentés de la même manière. Désormais, l'art diversifie les particularités de chaque sujet : la beauté d'Aphrodite, la majesté de Zeus, le sang-froid des citoyens, la décadence physique des plus pauvres sont mis en valeur. Les corps et les têtes des dieux et des souverains étaient colossaux, et le pathos de la lutte contre les géants sur l'autel de Pergame est très différent de la narration de la frise de Telefo : la première est une juxtaposition de groupes en lutte, tandis que la seconde suit une séquence et se déroule dans un paysage naturel.

La réalité physique joue un rôle central, les sculpteurs s'évaluant eux-mêmes avec des formes stylistiques à toucher, une apparence trompeuse de vie dans le but de donner de la spontanéité aux œuvres. La vivacité était le principe à poursuivre, et à cela s'ajoutait une nouvelle relation avec l'espace environnant : le spectateur est également impliqué dans ce nouvel environnement, pensez au groupe sculptural de la Galata suicidaire ou aux athlètes engagés dans la lutte qui obligent le spectateur à marcher autour de l'œuvre. Cette conception de l'espace est liée à une conception totalement nouvelle du corps, compris non plus comme un système de mouvements et de parties organiques, mais comme un vecteur d'énergie grâce au développement des muscles. Dans l'hellénisme, la force physique, l'énergie et l'espace jouent un rôle actif et dynamique, mais il y a aussi une recherche de la souffrance et de la passivité dans la description des ennemis vaincus. L'objectif est de donner de la spontanéité à la figure, comme nous l'avons vu dans Vénus au bain.

À partir du IIe siècle avant J.-C., ou plutôt à partir du milieu de la période hellénistique tardive, des tendances à contre-courant apparaissent et s'éloignent du pathos et du réalisme exaltés jusqu'alors. Ce changement de direction signale une évolution des modèles publics, la collectivité l'emportant sur l'activisme, en particulier dans les représentations des dieux, comme l'a fait le sculpteur Damophon. Un retour vers le passé initié par une tendance présente dans toute la Méditerranée, où les forces locales ont pris le dessus sur l'espace grec. Les statues classiques ont commencé à être reproduites plus fidèlement et c'est ainsi qu'est née l'activité d'imitation, grâce à laquelle nous pouvons nous faire une idée de l'art figuratif grec, et en même temps l'analyse de l'art théorique a également pris un caractère plus historique. C'est ainsi qu'est apparu un langage figuratif souple qui a jeté les bases de la culture figurative de l'Empire romain.

CHAPITRE 4

L'ART ETRUSQUE

Après les événements de l'art hellénistique, nous atteignons lentement le seuil du Ier siècle : à cette époque, Rome existait déjà depuis un certain temps, au moins depuis plus d'un demi-millénaire, mais n'était pas encore entrée dans l'histoire de l'art. Comment cela se fait-il ? Peut-être parce qu'elle était trop occupée à faire la guerre et à administrer le peuple pour s'adonner à un peu d'art, dirait Virgile. Le changement s'est produit lorsque Rome a assimilé l'art et la culture grecs entre le IIIe et le IIe siècle, bien qu'elle ait eu auparavant d'autres maîtres : il s'agit des Étrusques.

La civilisation étrusque, arrivée d'Asie Mineure à la suite d'une famine et dirigée par son chef Tyrrhénien, vivait en Italie centrale, plus précisément en Toscane et dans une partie de l'actuelle Ombrie. Leur organisation politique consistait en de nombreuses cités-états autonomes dirigées par les lucumoni, leurs gouverneurs, assistés d'aristocrates. Les différents centres urbains, entourés de murs de pierre massifs, étaient réunis en confédérations, dont l'Étrurie, Pérouse, Volterra, Arezzo et Chiusi, connues pour leur habileté à travailler les métaux et à commercer avec les Grecs. La civilisation étrusque était purement funéraire : l'au-delà, la mort, le monde souterrain peuplé de démons monstrueux avaient pris une importance considérable dans leur religion et leur culture, ce qui explique la présence d'un nombre infini de nécropoles disséminées sur tout le territoire.

Souvent, le caractère d'un peuple se retrouve dans les monuments architecturaux et l'impact des structures urbaines, il suffit de penser aux temples de marbre et de lumière de la Grèce ; l'architecture étrusque évoque également des images cohérentes en relation avec une nature un peu insaisissable et camouflée. Aujourd'hui, l'architecture étrusque semble s'adapter au paysage, car les constructions en surface, en bois et en terre cuite, ont complètement disparu : on peut observer une tombe souterraine partiellement excavée, partiellement construite, ou entièrement excavée, ou encore entièrement construite, comme le montre le tumulus. Les types de tombes les plus caractéristiques sont la tombe à tholos, c'est-à-dire la tombe à dôme semblable à la tombe crétoise, et la tombe à hypogée, qui est entièrement souterraine mais recouverte d'un haut tertre conique en terre, entouré à la base d'un solide socle de pierre.

Ces tombes sont dépourvues de caractère architectural, bien qu'une certaine tendance stylistique puisse être reconnue : un exemple frappant est la tombe du VIIe siècle de Casale Marittimo, qui, avec son plan circulaire, supporte un toit en fausse voûte composé de cercles concentriques qui se rétrécissent progressivement. L'effet créé est celui d'une lourdeur oppressante et fermée, avec un rythme plastique. Dans d'autres sépultures, la voûte est obtenue à l'aide d'une série de pierres cunéiformes d'un effet moins important, comme on peut le voir dans la tombe Regolini-Galassi à Cerveteri. Cette première tentative de voûte royale est destinée à devenir le motif stylistique dominant de l'architecture romaine, que nous étudierons plus en détail dans le chapitre suivant. Un autre type de tombe est la tombe quadrangulaire avec un plafond plat, comme dans la tombe des chaises et des boucliers, également à Cerveteri. Dans les tombes creusées dans le roc, la chambre a un plafond plat ou incliné ou à caissons ; les piliers et les colonnes ne manquent pas, ce qui permet non seulement de mieux soutenir le plafond, mais aussi de lui donner un meilleur aspect.

Dans la tombe Campana de Veio (VIIe siècle), certains chercheurs ont voulu voir la première tentative d'arc, mais nous n'en sommes pas encore là : l'arc arrive construit et non fouillé aux Ve, IVe et IIIe siècles, alors que l'arc étrusque est toujours construit avec des blocs cunéiformes, comme on peut le voir dans la porte en arc de Volterra ou la Porta Marzia de Pérouse. Dans les portes des villes, l'arc devient presque un monument et est orné de têtes volumineuses, tandis qu'à Pérouse, la valeur de l'arc est soulignée par la décoration de toute la façade, des éléments que l'on retrouve chez les Romains, avec leurs arcs de triomphe et leurs portes. Les murs polygonaux, appelés cyclopéens ou pélasgiques, sont également apparus plus tard, à l'époque romaine. Si l'immense savoir-faire étrusque s'exprime au mieux dans le domaine du génie civil (cloaques, ponts, aqueducs), l'utilisation de la pierre à des fins monumentales, en dehors des tombes, apparaît rare et tardive.

Les documents que nous possédons sur la ville étrusque sont presque exclusivement littéraires et font état d'une affinité dans les règles sacrées qui régissent l'établissement d'un temple, d'un plan d'urbanisme et de la subdivision des domaines. Contrairement à la cité grecque qui trouvait dans l'agora son cœur séculier, la cité étrusque trouvait dans le temple son point d'appui et dans l'enceinte carrée sacrée, tracée à la charrue, son noyau primitif, éléments que l'on retrouvera dans la tradition romaine. De plus, les villes étrusques, comme les villes grecques, s'adaptaient à toute situation préexistante, des hauteurs rocheuses au cours des rivières et des ruisseaux. L'un des rares exemples encore reconnaissables d'un plan de ville étrusque se trouve à Marzabotto, près de Bologne. Le déclin brutal que la ville a connu à l'époque romaine en fait le seul exemple vérifiable d'un plan d'urbanisme étrusque. Il s'agit d'un plan caractéristique, qui place la citadelle sacrée dans une position élevée et la partie civile dans un espace orienté. Les grandes rues orthogonales, la concentration des activités de production artisanale au centre, la distribution des zones bâties et le caractère rationnel des installations hydrauliques appropriées sont autant d'indices d'un développement technique important. En dehors du monde des colonies grecques et avant même la colonisation romaine, les cités étrusques sont les seules de toute l'Europe où un ensemble socio-politique est structuré en un univers urbain cohérent.

Tous ces éloges rendent douloureuse notre ignorance dans le domaine religieux : les temples étrusques, cœurs battants de la ville, ne sont que des connaissances fragmentaires qui nous sont malheureusement parvenues. Nous savons seulement que le socle était en pierre, le reste étant fait d'un matériau en bois, donc extrêmement vulnérable aux éléments et au passage inexorable du temps. Le temple était un bâtiment large et bas, surchargé de motifs décoratifs qui s'exprimaient tout au long de la façade avant, tandis que les autres côtés étaient aveugles. La principale fonction du temple étrusque était d'abriter l'augure, le prêtre qui pouvait interpréter l'avenir grâce au vol des oiseaux ou à l'examen de leurs entrailles. Utilitaire et pratique, l'architecture étrusque a ensuite été exploitée par les Romains dans une fonction décorative dans les bâtiments, comme ce fut le cas au Colisée : les colonnes sont basées sur le style dorique, mais la base et le fût sont renflés et lisses.

Dans la production sculpturale étrusque, nous pouvons tracer deux lignes expressives qui marquent des périodes historiques différentes :

- Entre le VIIe et le Ve siècle avant J.-C., la première présente une spontanéité avec des aspects d'un réalisme saisissant. Les formes étaient géométriques et ont donné lieu à la production de statuettes en bronze et de terres cuites aux poses plastiques.

- La seconde tendance, dite orientalisante, émerge à partir du 5e/4e siècle et se caractérise par un éclectisme décoratif certain. Il produit des objets en bronze, des animaux imaginaires comme des griffons, des chimères, des lions ailés, des sphinx et des éléments végétaux stylisés, mais surtout une riche orfèvrerie, aux influences phéniciennes-chypriotes, gréco-roudiennes et micro-asiatiques.

Les artisans qui travaillaient l'or faisaient preuve d'un haut degré d'élaboration technique : ils étaient capables d'exploiter toutes les nuances (et les possibilités !) expressives du métal. Les jeux de lumière, de tonalité et la variété des formes des bracelets dénotent un goût du spectacle qui devient plus baroque et vise l'effet dans les bijoux de Cere et de Preneste, culminant dans les grandes proportions du pectoral et de la fibule discale de la tombe Regolini-Galassi à Cerveteri.

Une forme d'expression plus populaire est celle de la jarre canope, c'est-à-dire le vase funéraire biconique ou ovoïde, en terre cuite ou en bronze, qui reproduit les traits du défunt sur le couvercle (en forme de tête humaine) et une allusion aux armes dans les anses du vase. C'est précisément dans ces couvercles plutôt inquiétants qu'apparaissent les premières idées de portrait en Italie : le personnage assis dans une terre cuite de Cerveteri et l'homme assis de Chiusi sont les premiers exemples d'une évolution qui va de la primitivité de l'urne canopique à l'individualisation de l'urne cinéraire, jusqu'à la figure humaine complète. Le sarcophage des mariés de Cerveteri, en revanche, nous conduit à une compétence plus développée et plus mûre. À Cerveteri, nous trouvons également le grand acrotère, la décoration du sommet du toit représentant l'Aurore élevant Céphale, ainsi que le fronton des Guerrieri et la Minerve avec le casque ionique.

L'art du portrait est la plus haute expression de l'art étrusque, issu de la rencontre de contacts importants avec le monde grec et de la libre interprétation des thèmes grecs. Il en résulte une tendance abstraite et géométrisante à insérer des têtes humaines dans des éléments architecturaux ayant une fonction à la fois décorative et magique. Entre le IIIe et le IIe siècle, on assiste à une production massive de têtes fictives, obtenues avec différents moules et ensuite retouchées ; bien qu'elles soient utiles pour l'annotation esthétique, elles sont difficiles à interpréter. La tête splendide du Brutus dit du Capitole devait appartenir à une statue de taille considérable : la tête est conçue comme une masse compacte et presque tendue dans ses joues tirées, ses pommettes aiguës et son regard acéré. Les lignes à peine perceptibles des cheveux et de la barbe créent un sentiment de fierté qui permet d'identifier le personnage représenté. L'évolution a lieu à la fin du IIe siècle, avec la statue d'Aulus Metellus posant en Arringatore : nous sommes alors plongés dans une atmosphère romaine où le portrait atteint les plus hauts niveaux, combinant le réalisme des traits physionomiques avec un naturel de l'ensemble qui fait du personnage représenté un type universel.

Toutes les œuvres révèlent un goût expressionniste immédiat, mais elles sont aussi des exemples d'une production qui, à travers les différents ateliers, couvrait tout le Latium ; une tradition qui a contribué à la formation d'un auteur comme Vulca de Veio qui a créé le groupe de sculptures trouvé dans le sanctuaire de Portonaccio, à Veio ; la statue d'Apollon doit être considérée comme l'une des plus célèbres du monde antique.

L'Apollon ambulant a révolutionné les idées que l'on se faisait de l'art étrusque, qui s'est enfin libéré du préjugé d'une faible imitation des modules grecs et a amorcé une juste réévaluation critique. Une influence ionique a été reconnue dans l'œuvre, mais aussi la synthèse des volumes, l'immédiateté de la forme dans sa tension, la plasticité qui va au-delà de la simple décoration. Tous les motifs se résument à une ligne ferme, dominée par l'oblique qui part de la jambe gauche et se termine en haut après la ligne droite du nez. Même le sourire énigmatique d'Apollon acquiert une signification poétique précisément parce que le motif lyrique de l'œuvre d'art est dissimulé dans la pose plastique. De ce chef-d'œuvre se dégagent quelques traits saillants de toute la production artistique étrusque : une reprise profonde et libre des suggestions et des modèles de l'art grec.

L'art étrusque, en effet, ne s'intéressait pas particulièrement à la perfection formelle, aux savants rapports proportionnels : il s'agissait plutôt d'une tension irrationnelle qui forçait en quelque sorte l'enveloppe rationnelle de l'art grec en y insérant quelque chose de différent, une force dynamique très évidente dans l'Apollon et la Louve du Capitole - celle avec les jumeaux, pour être clair. L'expression de l'animal fait ressortir la vitalité contenue et, paradoxalement mais en même temps de manière cohérente, l'immobilité elle-même semble ajouter de la vitalité au dynamisme et à la tension des lignes. La Chimère d'Arezzo, un siècle plus tard, se situe sur le même plan interprétatif. L'éclat du bronze accompagne une ligne de contour sinueuse et tendue qui forme un cercle non concluant avec la queue, correspondant à la tension ferme des pattes avant. La tension reste ainsi comme suspendue, et le rugissement glaçant est fixé dans une éternité diabolique. Vers la fin du IVe siècle, l'influence de la sculpture grecque classique apparaît plus clairement ; par exemple, on semble reconnaître des influences dans l'Apollon en terre cuite du temple de Falerii. La torsion dynamique de la poitrine trouve sa correspondance dans le regard rêveur, tandis que la tension est comme dissoute par les boucles qui encadrent le visage.

Dans le grand échec de la peinture antique, l'Étrurie offre le plus grand nombre d'œuvres qui nous soient parvenues, car les Étrusques peignaient sur des tombes et non sur des bâtiments exposés aux intempéries comme le faisaient les Grecs. Le culte de la tombe chez les Étrusques trouve son origine dans la conception méditerranéenne de la survie du défunt et, par conséquent, dans la nécessité d'avoir une demeure éternelle avec des meubles et des objets, où la continuité des habitudes terrestres est garantie. Dans cette optique, nous pouvons comprendre que la peinture tombale n'était pas un acte commémoratif ou simplement décoratif, mais qu'elle avait pour but de recréer la vie réelle dans ses aspects les plus ludiques et les plus agréables - nous parlons ici de danses, de passe-temps, de jeux et de banquets - afin que le défunt continue à percevoir l'illusion de la vie.

Si les découvertes du VIe siècle sont mal conservées, comme la tombe des animaux peints de Cerveteri, la peinture se concentre peu après à Tarquinia et développe des caractéristiques fondamentales telles que la ligne de contour continue, la coloration totale et régulière des surfaces, et les couleurs mélangées et diluées pour décorer les moindres détails. Le dessin et la mise en couleur se faisaient sur plâtre frais, ce qui exigeait une certaine rapidité d'exécution : des exemples de dessin préparatoire ont été retrouvés avec des traces de variantes qui révèlent la spontanéité du décorateur. Des couleurs de tempera telles que le noir de charbon, le rouge d'oxyde de fer, le blanc de chaux, le bleu lapis-lazuli, le vert végétal et les demi-teintes ont également été utilisées sur le plâtre sec.

La phase la plus ancienne de l'art étrusque se trouve dans le complexe pictural de Tarquinia, la principale nécropole de l'Étrurie méridionale. Un premier groupe de tombes remonte au VIe siècle et témoigne d'influences ioniennes, tandis que la tombe des Taureaux représente le seul mythe grec raconté à Tarquinia : l'embuscade tendue par Achille à Troïlus, le fils de Priam. La Tombe des Augures nous transporte dans un cadre complètement étrusque et nous pouvons voir deux augures observant des jeux et un homme se défendant contre un chien hargneux tenu par le démon Phersu ; une fausse porte, Hadès, au fond. C'est une alternance de vie et de mort dans une scène à la fois poignante et sacrée, avec des annotations d'un réalisme saisissant. Dans la tombe des lionnes, qui sont en fait des panthères, on trouve la représentation la plus festive qui soit, tandis que dans la tombe de la chasse et de la pêche, nous sommes confrontés à une immensité de paysage jamais vue auparavant : la large vue sur la mer, les pêcheurs, les oiseaux polychromes qui volent, les poissons dans la mer... le mur semble s'ouvrir complètement à l'espace, de sorte que toute la pièce est envahie par une saveur de vie dans son désordre spontané. On y perçoit un sens dionysiaque de la vie qui contraste avec l'atmosphère mortuaire à laquelle le tableau lui-même est destiné.

Enfin, le tombeau du baron est d'un style différent, mais d'un niveau évocateur et décoratif tout aussi élevé : ses principales notes sont le calme et la prestance aristocratique qui animent la séquence des figures, ponctuée de longues pauses, avec des figures allongées rendues avec une technique bizarre, une sorte d'inachevé qui fixe d'abord la silhouette dans un voile gris, puis le contour de la figure, et enfin la couleur, dense, avec peu de détails. La Tombe du Baron marque la transition entre la phase archaïque et le style sévère et nous nous situons entre 490 et 450 avant J.-C., dont les sujets dominants sont des scènes de banquets, de cérémonies et de jeux. Dans la tombe du triclinium, on perçoit une mélancolie diffuse, vaguement onirique en raison des couleurs douces utilisées et de la végétation qui ponctue l'ensemble. Le style est très proche du lit funéraire où les détails du jeune homme tenant un cheval bleu et l'expressivité du flûtiste et de l'échanson sont mis en valeur.

Au cours de la dernière période, vers le IIIe siècle, la décoration des tombes adopte des motifs plus dramatiques : par exemple, comme on peut le voir sur les tombes de l'Ogre I et II et sur la tombe des Boucliers, la préoccupation pour ce qui se passe dans l'au-delà augmente et des figures démoniaques et des croyances généralement plus compliquées commencent à apparaître. La nouvelle complexité iconographique est également visible dans la tombe François de Vulci où l'épisode de la mise à mort des prisonniers troyens sur la tombe de Patrocle est représenté, ainsi que la libération de Caelio Vibenna par Mastarna connu sous le nom de Servius Tullius, l'avant-dernier roi de Rome.

Légende et histoire se rejoignent dans une symbolique qui n'est pas facile à déchiffrer ; par rapport aux premières tombes, celles qui viennent d'être évoquées semblent épaissir la scène, la rendant presque éparse, mais qui parvient néanmoins à se racheter dans les détails qui conservent une vivacité expressive et une force narrative remarquables. Ce qui est certain, c'est que le sentiment de régénération qui naissait de la fraîcheur narrative et de l'équilibre compositionnel des tombes plus anciennes est remplacé ici par une anxiété qui semble vouloir s'étourdir en évoquant puis en supprimant les images de ses propres cauchemars. Il se peut que l'art ait été capable de capturer et de transformer en métaphore un malaise que l'époque a stimulé chez un

peuple déjà grand et qui se dirige maintenant vers un assujettis-
sement mélancolique. L'idéologisation du passé compenserait
ainsi un présent peu reluisant.

CHAPITRE 5

ART ROMAIN

Pour comprendre comment s'est déroulée la manifestation artistique romaine, il est nécessaire de la mettre en relation avec le développement parallèle des institutions politiques. Un long fil conducteur traverse les vicissitudes de la république : le transfert du pouvoir du sénat à un seul individu. Personne n'a jamais osé prononcer le mot monarque, mais il ne fait aucun doute que les luttes civiles ont toutes tendu à instaurer une forme de pouvoir monarchique sous la pression des militaires. Les guerres civiles avaient mené le peuple romain au bord de l'épuisement, et lorsque les querelles et les tensions sont continues, l'existence devient de plus en plus précaire, de sorte qu'une lassitude sans fin s'installe, appelant à la paix et à l'ordre. Au prince, en échange de la liberté, on demande la sécurité et le bien-être matériel : c'est le mauvais *plaisir d'être serviteur* dont parlait l'historien Tacite au 1er siècle de notre ère. La culture a conservé sa propre autonomie, mais dès Auguste, la relation entre le pouvoir et la culture a commencé à s'affaiblir. L'art était en avance sur la littérature, car les raisons mêmes de son existence le rendaient fonctionnel à des fins de propagande et de célébration.

Le mécène Auguste a mis en œuvre une politique culturelle organique, différente de celle qui consistait à faire de l'État son principal et parfois unique mécène. Une politique culturelle organique signifie avoir un projet d'image à réaliser en interprétant la poésie et les arts figuratifs : de ce point de vue, l'Enéide ou l'Ara Pacis Augustae, c'est la même chose. Cet équilibre entre la liberté de l'artiste et les contraintes du pouvoir constitue la période heureuse de l'art romain, mais l'intolérance et le despotisme croissants le réduisent à une simple propagande et à une adulation servile. Le gouvernement ne voulait pas de citoyens libres, mais des sujets obéissants et des flatteurs complaisants. Cette tendance a inévitablement conduit au déclin de la littérature d'abord et de l'art ensuite : une sculpture, un temple, une peinture, une villa, permettaient à l'artiste de s'exprimer plus qu'un écrivain, il est vrai, mais le concept même d'art comme fin en soi n'était pas encore conçu. *Nisi utile est quod facimus, stulta est gloria*, disaient-ils - si ce qui est réalisé n'est pas utile, il n'y a pas lieu de se glorifier. Pourtant, le luxe, opposé à la sobriété des coutumes et à l'austérité de la vertu antique, est l'une des caractéristiques typiques de la culture latine, même après Caton : c'est ce qui explique que Sénèque, au Ier siècle après J.-C., ait pu traiter les artistes de *ministri luxuriae* et se plaindre des myriades de colonnes et de statues qui ne soutiennent rien mais ne sont placées que pour l'empressement à dépenser et à se pavaner.

Ces ambiguïtés, ces contradictions sont tout à fait spontanées dans la situation que l'on peut définir comme l'usage politique des œuvres publiques et de l'art, c'est-à-dire un usage à des fins d'organisation du consensus. Malgré les guerres civiles et l'abandon des libertés républicaines au profit d'une paix assurée, l'institution de la monarchie absolue n'a pas facilement prospéré dans l'esprit du citoyen romain qui n'avait besoin que de prospérité, de céréales et de divertissements gratuits dans les amphithéâtres. D'autre part, les patriciens, les chevaliers, la classe riche et cultivée ne se contentaient certainement pas de choses aussi insignifiantes : c'est précisément pour cette raison que de grands travaux publics et d'infrastructure - ponts, aqueducs, rues, forums, bibliothèques, thermes - ont été développés, avec des éléments décoratifs accompagnant tant d'intellectualisme.

L'art et la culture servaient donc le prince, et en le servant, ils se servaient aussi eux-mêmes : c'était un classique gagnant-ga-gnant qui durait aussi longtemps que le prince parvenait à mo-dérer son pouvoir, comme l'ont fait Auguste, Néron, Vespasien et Titus, Trajan, Marc-Aurèle et Hadrien. Dans tous les autres cas, les lettres ont péri, et encore moins les arts figuratifs, car le despotisme avait besoin de distraire la population de ses maux par des statues et la monumentalité de l'empire, considéré comme l'Olympe des dieux. Pour fonctionner, cependant, le message ne doit pas être ambigu, mais doit être perçu par tous et immédiatement, de manière claire et efficace. Le modèle es-thétique rejette l'expérimentation pour se réfugier dans le cer-tain, dans le sûr : ainsi naît, d'abord comme attitude mentale, puis comme choix artistique, le classicisme. Pour identifier un nouvel art, il faudra avoir soif de nouvelles valeurs, une soif de nouvelles libertés qui ne viendront pas de la politique, mais de l'âme humaine, de la religion : le christianisme, en effet, suppri-mera l'art romain, après Constantin. Le goût classique a été co-difié par Horace, le poète le plus cher à Auguste : l'art devait à la fois réjouir et servir, reproduire le vrai et le semblable, écarter l'irrationnel au profit de la logique, de l'unité, de la simplicité, en évitant tout excès et en suivant le juste milieu, afin de ne pas tomber dans un divertissement futile, bien que séduisant, in-digne des hommes.

L'art romain se caractérise donc par le fait d'avoir créé une uniformité de goût et d'avoir créé des canaux de diffusion de ses produits, si magnifiques qu'ils n'avaient jamais été vus dans l'histoire de l'humanité dans son ensemble. En forçant un concept moderne, on pourrait parler d'art de masse ou d'art du multiple plutôt que de la pièce unique, signée et non reproductible - le contraire d'un NFT. Après cette longue introduction à l'art romain, nous pouvons entrer dans le vif du sujet.

Les deux civilisations artistiques, étrusque-italique et grecque-hellénistique, qui se sont rencontrées à Rome pendant la dernière période de l'ère républicaine, ont trouvé leur plus haute expression dans le portrait. Les éléments véristes du portrait hellénistique sont repris par les sculpteurs grecs avec une virtuosité cultivée, dans laquelle la crudité réaliste de certains reliefs étrusques ou bustes funéraires semble être absorbée (peut-être avec une certaine dose d'intellectualisme). Visages osseux, ridés, lèvres tendues... l'expressionnisme accentué suggère l'influence et l'inspiration des masques de cire prélevés sur le visage des défunts et conservés dans l'atrium de la maison : citons par exemple le Portrait d'un vieillard d'Osimo et le Portrait d'un homme mûr d'Ostie.

La sculpture romaine affirme donc une identité propre, d'abord incertaine puis de plus en plus définie, qui se situe entre la citation hellénistique d'une part et le vérisme étrusque italique d'autre part. On pourrait parler d'une nouvelle conception plus franchement réaliste, d'une adhésion franche aux caractéristiques du sujet, non détachée d'une intention pédagogique de transmettre, à travers la figure du personnage, les valeurs que l'on croit lui appartenir : après tout, cette tendance était déjà apparue de façon évidente dans Brutus et L'Orateur. Pourtant, ce didactisme ne domine pas toujours, ce qui est évident dans les portraits de personnes célèbres comme la Vierge en terre cuite, datable du début du 1er siècle avant J.-C., dans laquelle la lumière, au lieu d'éclairer des flashs contrastés comme dans le Brutus, glisse sur les surfaces douces du visage, dans la bouche entrouverte, dans les yeux regardant au loin, dans les cheveux ébouriffés, et suggère une sensation d'espace ouvert.

Herculanum et Pompéi nous permettent, à un degré d'approximation assez fiable, de retracer une sorte d'évolution de la peinture romaine du IIe siècle avant notre ère jusqu'à l'éruption du Vésuve. Après cette date, les exemples sont trop rares et fragmentaires pour permettre un examen critique, et il faudrait repartir des décors des catacombes égyptiennes pour pouvoir parler de peinture : mais nous avons affaire à une production d'une nature, d'une origine et d'une destination totalement différentes de celle-ci. Ces deux villes, Herculanum et Pompéi, submergées par la célèbre éruption du Vésuve en 79 de notre ère puis déterrées encore intactes, constituent à elles seules un unicum à la fois en termes de documentation artistique, mais aussi en termes d'informations historiques, urbanistiques et sociologiques à proximité de Rome. La pertinence des deux villes dans le monde romain n'était pas telle que l'on supposait qu'il y avait ici des œuvres d'art qui dépassaient l'artisanat moyen - le fait qu'elles soient les deux seules villes antiques qui nous ont été transmises par une série d'événements exceptionnels et qui sont encore intactes ne doit pas nous faire croire qu'il s'agissait de deux petites Athènes, ici.

En ce qui concerne la domus romaine, la maison, ou mieux, sa décoration, Vitruve nous rappelle que la mégalographie, c'est-à-dire la peinture à grande échelle de type hellénistique avec des cycles épiques et une prédilection pour l'Odyssée, était un motif décoratif typique. C'est précisément à l'Odyssée que se réfère le cycle pictural qui se trouvait à l'origine sur l'Esquilin, avec des légendes en grec, une langue connue dans les milieux patriciens et intellectuels romains à partir du IIe siècle av. J.-C. Les scènes qui s'attardent constituent un excellent exemple de peinture de paysage, dans laquelle l'évocation atmosphérique s'inspire presque du conte de fées, tout comme l'histoire d'Ulysse a été vécue. C'est précisément le développement architectural et décoratif de la domus romaine qui a nécessité de remplir les grands espaces et les larges murs avec des décorations figuratives ou des structures en faux marbre ou, encore une fois, de faux éléments architecturaux déjà vus dans les tombes étrusques. Un exemple de décoration articulée se trouve dans la Maison des Gryphons sur le Palatin : les prototypes de cette décoration, dans laquelle l'effet de perspective domine, provenaient d'Alexandrie, de Pergame et de Magnésie. Le mur disparaît à l'œil car il est tout recouvert d'un décor architectural en perspective qui élargit l'espace de la pièce de manière illusoire, avec des effets de polychromie vive : les personnages sont absents ou sont de petite taille et ont une fonction tout à fait secondaire. Cette décoration se retrouve dans les décors de théâtre, où de grandes tables en bois peint fermaient les ouvertures de la scène. Les masques tragiques qui apparaissent entre les balcons et les colonnes de la Villa di Boscoreale de Pompéi pourraient bien faire allusion à cette origine théâtrale.

À d'autres moments, l'effet de percée à travers le mur est remplacé par son exact contraire, c'est-à-dire la centralisation vers l'intérieur de scènes projetées de manière illusionniste au milieu de la pièce : ainsi apparaît la frise de la Villa des Mystères à Pompéi avec l'initiation aux mystères dionysiaques. Cette œuvre se compose de figures qui trouvent un grand relief plastique dans la structuration géométrique vigoureuse des formes, comme on peut le voir dans le demi-cercle de la draperie de la danseuse et la construction triangulaire des autres figures, avec la ligne brisée de la figure agenouillée.

À l'époque de César, en revanche, les détails miniatures introduits dans les décors scéniques, dans lesquels les colonnes semblent se styliser en tiges florales ou arborescentes, révèlent l'influence égyptienne importée par Pompée et César. Dans les premières décennies du 1er siècle de notre ère, ce goût tend à courir le long du mur avec de faux entablements et de fines colonnes délimitant des panneaux sombres dans lesquels des figurines de couleur claire sont dessinées avec des traits vifs et des rehauts intenses et rapides, selon un goût répandu dans l'Alexandrie de Cléopâtre, comme on peut le voir dans les fauves de la maison des Vetti ou dans les décorations de la maison de la Via dell'Abbondanza à Pompéi. C'est un style rapide et concis, que le classiciste Pline appellerait de façon désobligeante compendium, entendu comme résumé, schéma.

Pourtant, ce style connaîtra un grand succès, inspirant la plupart des peintures chrétiennes de catacombes plus tard, aux 1er et 3e siècles. L'exemple le plus connu provient d'un fragment d'une décoration originale d'une villa de Stabia, représentant une femme cueillant des fleurs - le fameux printemps de Stabia. L'illusionnisme architectural réapparaît dans la dernière phase pompéienne, c'est-à-dire entre l'an 40 et l'an 79, mais sous une autre forme, dans une tonalité plus compliquée et plus imaginative : les plans et les vues se multiplient dans une sorte de jeu de miroirs avec une richesse chromatique et des tendances à l'empiètement spatial que l'on retrouvera à l'âge baroque. Un exemple efficace est la fresque du quatrième style de Pompéi, qui semble encore rappeler les coulisses du théâtre. Nous sommes désormais à l'ère impériale, dans une phase de virtuosité technique animée par un décorativisme presque une fin en soi.

L'ère julio-claudienne

Auguste s'est vanté d'avoir refait la Rome républicaine en marbre, construite en terre cuite et en briques, et la capitale a en effet acquis à cette époque un visage plus monumental. Le symbole et l'expression de cette nouvelle monumentalité visant à consacrer le pouvoir est l'Ara pacis auguste, l'autel dédié à la paix d'Auguste. Le désir de paix avait été si fort qu'elle fut même divinisée, comme pour la rendre la plus durable possible, et un monument lui fut érigé comme on le ferait à une divinité. Il s'agit d'une offrande à la nouvelle déesse et à son grand prêtre, le princeps. C'est précisément à travers de tels monuments que le nouveau pouvoir cherchait à se confirmer dans le sentiment populaire.

L'Ara pacis se trouvait dans le Champ de Mars, dans une cellule entourée de murs. Les murs intérieurs et extérieurs de la construction sacrée sont ornés de bas-reliefs avec des décorations florales, des têtes d'animaux, des festons, des scènes mythologiques et religieuses où dominent les références aux traditions et aux racines historiques de Rome, ainsi que la célébration de la lignée divine de la gens Julia, comme on peut le voir dans le relief de Saturnia Tellus, la plus ancienne divinité italique. La généalogie hellénistique se révèle dans l'influence du paysage, dans la délicate nature picturale du modelage. La composition est rigoureusement ordonnée, en particulier dans les reliefs de la procession dédicatoire, dans lesquels, cependant, l'ordre de la syntaxe narrative est rendu vivant par la personnalité des visages qui descend du portrait et par le réalisme des draperies, et reflète les coutumes romaines.

Les deux plans suivants créent un nouvel effet de perspective et l'abandon de la règle de l'isocéphalie, c'est-à-dire la tendance à aligner toutes les têtes au même niveau, grâce à l'inclusion de figures de nourrissons. C'est ainsi que la tradition étrusque-italique se juxtapose à la tradition hellénistique, donnant une idée de la vie fonctionnelle à l'objectif propagandiste et pédagogique pour lequel l'œuvre a été conçue. Cependant, cela contribue également à un sentiment de détachement : l'ensemble semble être posé pour une cérémonie officielle qui manque de naturel.

Cette attitude littéraire, si l'on peut dire, des sculpteurs de l'Ara Pacis a fait que les parties les plus significatives ont fini par être les parties ornementales, comme les bandes festonnées de fleurs et de fruits et les giratoires sobrement élégants, imprégnés d'un rythme si efficacement ornemental qu'ils sont devenus topiques, c'est-à-dire exemplaires, puis repris dans les siècles suivants lorsqu'ils se réfèrent au classicisme - en bref, cet art de l'époque impériale vaut plusieurs fois pour ce qu'il représente, plutôt que pour la manière dont il le représente. Et le sujet, s'il avait sa propre valeur de message pour le public de l'époque, acquiert pour nous une profondeur sémantique encore plus grande, puisqu'il nous offre une clé d'interprétation historique de toute une époque.

Cette situation permet de mieux comprendre le sens d'une statue comme celle d'Auguste Loricate, celui qui porte l'armure, le plus classique et le plus officiel des quelque 140 portraits d'Auguste qui nous sont parvenus. On peut y voir une tentative de typification de la figure du princeps, qui devient canonique dans ses traits et ses attitudes. Sur la statue examinée, la position polycyclique est évidente, traduite par le geste latin « arringare ». Dans les reliefs de l'armure, la préoccupation classiciste est encore plus évidente dans l'ensemble du modelage, puisqu'ils évoquent la restitution des insignes arrachés à Crassus par les Parthes et les allégories de la terre et du ciel : l'ensemble donne la sensation d'une littérature figurative, dans laquelle le contenu répond à des fins didactiques, selon une structuration que l'on pourrait définir comme rhétorique, sans aucune finalité expressive.

La pax romana a également favorisé le développement artistique des provinces qui n'avaient pas encore de traditions artistiques : dans celles-ci, l'urbanisme et l'art ont créé un ensemble encore plus romain qu'à Rome même, parce que les influences hétérogènes étaient plus faibles et que l'exportation de modèles artistiques répondait aux critères de diffusion propagandiste et festive, de sorte que les formes expressives reprises et reproduites reflétaient le goût officiel de l'époque. Pour mieux comprendre, essayons d'analyser le temple d'Auguste à Pula : la large cella et le vestibule, les colonnes corinthiennes lisses surmontées d'une trabéation, avec des corniches de tympan en saillie et un sens plus solennel des proportions dû à la plus grande hauteur relative : tout accentue le mouvement plastique et le sens de la masse.

Il en va de même pour la Maison carrée de Nîmes, qui se trouve à l'intersection du cardo et du decumanus. L'emplacement souligne la fonction du temple, dans un urbanisme où les raisons de défense étaient complétées par celles de propagande. Mais la meilleure expression de cet art augustéen sont les arcs de triomphe de Rimini, Suse, Aoste et Pola. À l'époque augustéenne, les arcs se détachent souvent des murs et assument une simple fonction décorative, mais aussi festive. Leur cadre, sobre mais puissant, conçoit et définit l'espace, l'ordonnant dans un sens de domination sûre, d'équilibre serein : il représente le pouvoir impérial, le faisant paraître absolu et incontestable, mais aussi juste et équilibré.

À l'époque julio-claudienne, le portrait trouve sa plus grande expression dans les effigies des empereurs - après tout, Auguste s'est fait représenter sous les traits d'un commandant et d'un pontifex maximus, ce qui témoigne d'un choix artistique, mais aussi (et surtout !) d'un choix politique : l'empereur s'est fait représenter sous la forme et dans l'attitude qu'il considérait comme les plus significatives pour la postérité. Le portrait, en plus de transmettre les traits des empereurs, peut donc être lu en fonction de l'image politique que le princeps voulait diffuser de lui-même pour la postérité, en choisissant d'être représenté d'une manière plutôt que d'une autre. Ainsi, Auguste, restaurateur du culte et de la paix, placé à côté de l'image du chef qui a déposé les armes pour tenir le sceptre, choisit celle de la robe de l'autorité religieuse suprême, le pontifex maximus.

Il s'agit d'un véritable processus de déification, c'est-à-dire le processus politique par lequel l'empire tend de plus en plus à ressembler à une monarchie absolue de type oriental (aboutissant à la déification du souverain), plus le culte de la personnalité est entretenu chez les sujets. Claudius en est la première tentative : une statue le représente même sous les traits de Jupiter, le Zeus grec, alors que sa main droite, restaurée seulement plus tard, tenait la foudre, avec l'aigle à ses pieds.

Tant pour Auguste pontife que pour Claude, il s'agit de reprises classiques de modules bien connus : polyclétique (rappelons le Doriphore) pour Claude, pré-polyclétique pour le portrait d'Auguste, le tout résolu dans l'intensité expressive du visage qui est isolé, dans une expression sévère, par la richesse ample mais en même temps générique de la draperie. C'est un signe de la tradition du portrait romain qui, malgré l'académisme de l'ensemble, saisit le signe de la personnalité précisément dans le visage, au point que dans Claude-Jupiter les traits de la sénilité naissante du visage contrastent curieusement avec la jeunesse du corps. Ceci est également visible dans les reliefs de la dalle de Vicomagistri : la procession sacrificielle des jeunes gens voilés et des togati couronnés de laurier se déroule selon un schéma classique et défini, mais avec une intense personnalisation des traits du visage et dans les statuettes portées par les jeunes des deux Lares et le Génie de Tibère.

Les portraits qui nous sont parvenus sont ceux des empereurs les plus aimés, tandis que d'autres n'ont pas d'images parce qu'ils ont été tués par conspiration ou n'étaient pas très populaires. Pour eux, en effet, le sénat décréta la *damnatio memoria*, ordonnant l'enlèvement immédiat de toutes leurs images : ainsi le souvenir de leurs visages resta-t-il imprimé sur des pièces de monnaie, ou sur quelques bustes isolés, dans lesquels on peut cependant distinguer les traits renfrognés de Tibère, les traits éphébiques de Caligula, les traits quelque peu emphatiques et doux de Néron.

Nous passons maintenant à la peinture, qui va des expressions populaires et expressionnistes du Cave canem à l'impressionnisme de la bagarre du stade entre Pompéiens et Nocerini - cette dernière œuvre a été exécutée à l'encaustique, c'est-à-dire que les couleurs ont été imprimées directement avec des cires liquéfiées et ont été fixées par le feu directement sur la peinture.

L'ère des Flaviens

Après les contradictions récurrentes entre la tradition hellénistique et la tradition italique, qui convergent déjà dans le classicisme augustéen comme nous l'avons vu, l'époque flavienne,
qui correspond à la fin du Ier siècle et au début du Ier siècle
après J.-C., représente le moment de la pleine maturation du
goût romain, qui se manifeste surtout dans le domaine de l'architecture.

En architecture, en effet, on assiste au développement et à la
conquête de l'espace par la croissance imposante d'éléments
structurels curvilignes tels que l'utilisation généralisée de la
voûte, désormais un moyen conscient d'expression artistique,
qui s'enrichit de la variante de la voûte croisée, qui consiste en
l'intersection à angle droit de deux voûtes en berceau. Ce sont
les éléments de base de l'amphithéâtre Flavien - vous savez tous
que c'est un autre nom pour le Colisée, n'est-ce pas ? - commencé par Vespasien et inauguré par Titus en 180 après Jésus-
Christ. La majesté de l'ensemble du bâtiment dans sa structure
cylindrique s'articule avec l'élégance du rythme sévère des arcades superposées, marquées par les éléments décoratifs des
ordres architecturaux. Le motif curviligne de la voûte répond à
la courbe de la façade et, comme dans le théâtre de Marcellus,
l'effet de la succession des ordres de demi-colonnes vise à allé-
ger le poids en le déplaçant vers le haut. L'ensemble donne un
effet de solennité ferme et équilibrée, dans une proportion qui
ne dépasse ni la verticale ni l'horizontale.

Les mêmes qualités architecturales se retrouvent, du moins
en apparence, dans l'arc de Titus érigé en l'honneur de l'empereur de la dynastie flavienne, mort en 81 après J.-C., car les
mêmes caractéristiques résident dans le rapport d'équivalence

entre la voûte en berceau et la plasticité des supports. Les colonnes corinthiennes sont cannelées à l'intérieur et lisses à l'extérieur, ce qui, avec les corniches, introduit une sorte de veine colorée dans un ensemble par ailleurs trop solide. L'arc est enrichi à l'intérieur par des reliefs illustrant le Triomphe pour la conquête de Jérusalem, et l'on peut y voir un sens illusoire de l'espace, favorisé par la disposition des figures sur plusieurs plans, avec l'agitation de lances et d'insignes à l'arrière-plan et la proéminence des figures en clair-obscur. L'action représentée se déplace, autant que possible à nos yeux, en écho dans l'espace, où le relief d'une arche (celle sous laquelle passent les troupes) propose une sorte de jeu de miroir avec la structure porteuse, ou, si l'on veut, une citation interne. Le relief poli accentue une notation coloristique typique de l'art flavien, que l'on retrouve surtout dans les portraits, à commencer par ceux de Vespasien et de Domitien. Le jeu de couleurs est obtenu par l'utilisation de la mèche dans les cheveux, par l'élégant clair-obscur des robes, par les diadèmes et les boucles particulièrement mis en valeur. La même intention picturale se retrouve dans les traits réalistes du buste de Vespasien : l'intention coloriste domine l'idéalisation raffinée et courtoise des portraits augustéens.

L'âge de Trajan

Dans le paragraphe précédent, nous avons évoqué les grands édifices publics de l'époque flavienne : nous avons parlé du Colisée, des palais impériaux, du Circus Maximus... Un voyageur confronté à toute cette magnificence devait éprouver un sentiment de puissance et de grandeur. Le palais le plus somptueux construit à cette époque est celui de Domitien, inauguré en 92 après J.-C., alors que la figure de l'empereur prenait le caractère d'un monarque absolu. C'était donc la maison du roi des monarchies typiquement orientales : les quelques vestiges visibles aujourd'hui, sur le Palatin au cœur du forum, évoquent le sentiment de grandeur et de magnificence que devait susciter la résidence privée du princeps, notamment dans le motif des voûtes superposées. Et ce n'est rien comparé à ce qui s'est passé à l'époque de Trajan.

Pendant les vingt années du règne de Trajan, les arts figuratifs ont connu une croissance exponentielle, suivie par la floraison des monuments de Rome : le forum de Trajan complète la série des forums impériaux et en fournit l'exemple le plus complexe et le plus spectaculaire. La Basilique Upia, les deux bibliothèques entre lesquelles se trouvait la colonne historiée et le petit temple dédié à l'empereur divinisé formaient un ensemble absolument grandiose, avec des colonnades à plusieurs rangées et de grandes absides semi-circulaires qui dilataient le son. Dans les marchés de Trajan, la grande spatialité du vaste demi-cercle trouve une forte animation en clair-obscur dans la série des niches, surmontées d'une succession continue d'arcs définis de manière plastique et rigoureuse, articulés par une série de pilastres.

L'architecture et la sculpture étaient tellement liées dans ce complexe qu'elles semblaient presque intimes, et la colonne de Trajan en est l'élément le plus significatif. Conçue en 113 après J.-C., elle a une fonction à la fois décorative, festive et didactique, se déployant, suivant un parcours en spirale, pour illustrer les exploits de Trajan, en particulier la conquête de la Dacie - si l'on pense à la forme du volumen, le livre latin qui se développait en un grand rouleau, celui-ci de la colonne peut être vu comme un gigantesque livre de pierre qui se transforme en un chant épique. Ne vous méprenez pas, la référence n'est pas forcée, car du poème épique découle la fusion d'éléments réalistes - nous parlons de batailles et de marches, principalement - avec des éléments allégoriques et mythologiques tels que les apparitions des dieux, leurs personnifications comme le Danube ; le tout dans un brunissage continu de la vie, dans lequel l'élément marquant est la participation vivante de la nature aux actions de l'homme.

Le style de la Colonne de Trajan est un pictorialisme rapide et clignotant de modelage, peu plastique, constitué de formes aplaties qui se dissolvent dans la lumière et l'air. Le relief de la colonne ne comporte aucun espace vide et tout semble animé d'une intense fureur de vivre, dans laquelle on trouve également la note la plus typique en termes de contenu : la guerre et la paix et les œuvres qui y sont liées semblent être caractérisées par la même attention participative, avec un sens généralisé de l'humanité que l'on retrouve dans les reproductions des vaincus ou dans la célébration des travaux de l'homme.

Érigée dans le but de célébrer un triomphe militaire, la colonne illustre les travaux de la paix, en montrant comment s'est déroulée l'agrégation d'un nouveau territoire à l'empire : à côté des scènes de soumission des vaincus, on voit celles de soldats romains récoltant du grain, chargeant et déchargeant des marchandises, et érigeant des murs. L'expérience narrative hellénistique exprimée dans les frises mythologiques se transforme ainsi en un langage romain marqué par le réalisme, et une tradition dont nous n'avons malheureusement pas de vestiges, celle des peintures de triomphe, s'y insère peut-être aussi. Les notations du paysage sont des références topographiques si précises qu'elles sont devenues de véritables visions cartographiques dans la représentation des rivières, ou des vues à vol d'oiseau des campements, ou des vues en perspective des forêts et des villes.

Le portrait de Trajan, de Decebalus et des hauts fonctionnaires s'accompagne d'une typologie expressive des soldats romains et des barbares dans leurs types ethniques, avec des reproductions fidèles des costumes, des armes et des insignes : plutôt qu'un ouvrage hagiographique, la colonne apparaît ainsi comme un ouvrage historique écrit par le contemporain Tacite. Dans la frise, on peut reconnaître une seule main qui a fait dire à quelqu'un que si Périclès avait son Phidias, Trajan en avait un aussi. Il ne semble cependant pas que l'auteur inconnu puisse être identifié avec Apollodores, l'architecte officiel de Trajan, originaire de Damas, qui suivait l'empereur dans toutes ses entreprises, a conçu le pont sur le Danube décrit dans la Colonne, ainsi que l'ensemble du complexe du Forum. Cependant, la réalisation de la colonne a vraisemblablement été confiée à un sculpteur inconnu qui a créé le modèle et organisé l'atelier des assistants qui ont traduit le grand œuvre en marbre. Ce qui est certain, c'est que ce que l'on appelle communément le Maître de la colonne Trajane est considéré comme la plus grande personnalité artistique connue à ce jour à Rome. Le Maître a influencé tout le style de l'époque : on le voit dans la grandiose frise qui devait orner le forum, démembrée ensuite en plusieurs dalles, dont deux ont été insérées dans l'arc de Constantin et qui reprend les thèmes de la colonne - Trajan faisant irruption sur les barbares puis étant couronné de la Victoire. Le même objet en clair-obscur se retrouve dans l'arc de Bénévent avec une telle vivacité d'expression que le sujet prend vie. La syntaxe est hellénistique et, avant cela, gréco-classique, filtrée ensuite par les reliefs de l'Ara Pacis et ceux de l'Arc de Titus : mais le réalisme d'origine romaine s'accentue de plus en plus, anime les modules et, surtout dans les figures mineures, prend une coloration populaire.

La grande propagation des œuvres monumentales dans l'empire répond d'une part à la logique politique de rendre visible l'existence du génie de l'empereur, et offre d'autre part l'occasion d'interpréter la version provinciale des grandes œuvres de la capitale. C'est le cas du relief de la captive Barbara de Mayence : par rapport à la tonalité noble qui prévaut dans les œuvres de Rome, celui-ci présente un vitalisme plus intense et un relâchement compositionnel qui devient parfois une tension rude, comme dans la figure de la Barbara, qui isole les lignes de tension narrative d'une douleur désespérée. De même qu'il existait, à côté de la langue littéraire de Rome, le sermo illustris, un idiome plébéien, le sermo vulgaris, d'où seraient issus, plutôt que de la langue littéraire, les idiomes romans, de même il existe un art répandu du Rhin au Danube qui traduit dans des tons plus libres (et naïfs) le style cultivé des provinces ayant la plus grande tradition artistique, en brouillant parfois les accents des cultures qui ont précédé la conquête romaine. De nouveaux langages figuratifs y sont nés, qui joueront plus tard un rôle majeur dans la formation des langages artistiques du Moyen Âge.

L'ère d'Hadrien

La période d'Hadrien s'étend de 115 à 138 après J.-C. et se caractérise par un goût classique qui correspond parfaitement à la passion de cet empereur pour l'art grec. D'un point de vue artistique, les résultats sont contrastés : alors que l'architecture atteint les sommets les plus élevés, la sculpture est froide, académique, sans être rachetée par la suite par la vivacité des deux tondi, inclus plus tard dans l'Arc de Constantin, avec la Chasse au sanglier et le Sacrifice à Apollon. Les portraits de l'empereur prouvent que son goût pour la Grèce archaïque prend une saveur amère : celle d'une sorte d'exercice thématique. Les différents portraits du favori Antinoüs, jeune Grec devenu célèbre pour ses amours avec Hadrien, présentent de nombreuses variantes, dont l'une reprend le motif de la stèle attique avec une douceur hellénistique. En revanche, dans l'autel d'Ostie, les modules classiques sont en partie revigorés par l'élégance raffinée des parties décoratives et par un pictorialisme doux, presque nuancé.

Ce goût de la récupération de l'art classique produit un grand nombre de copies, qui n'ajoutent rien, et parfois même nuisent aux originaux, mais qui sont devenues pour nous une revue précieuse de l'art classique qui, autrement, serait tombé dans l'oubli. L'apogée de ce goût pour la copie se retrouve dans la Villa construite par Hadrien au pied de Tivoli, que l'on peut définir comme une synthèse évocatrice des monuments contemplés par l'empereur lors de ses nombreux voyages, et des thèmes les plus célèbres de la statuaire grecque : le Panthéon, considéré comme une synthèse des valeurs architecturales de l'art romain.

Et c'est précisément avec le Panthéon que l'art d'Hadrien atteint ses résultats les plus précieux et les plus accomplis : le temple, comme son nom l'indique, était dédié à toutes les divinités et avait été construit par Agrippa à l'époque d'Auguste, mais fut ensuite reconstruit sous la forme que nous connaissons tous aujourd'hui, par Hadrien. L'extérieur trahit le goût classique avec ses huit colonnes formant le pronaos, surmonté d'un tympan triangulaire. Derrière, un parallélépipède le relie au corps principal de l'édifice, constitué d'une colossale coupole hémisphérique réalisée en coulant du béton directement sur une ossature en bois en forme de caissons.

Au volume compact de l'extérieur, marqué par des masses bien définies, correspond un intérieur rempli par l'expansion de l'espace marquée par les caissons de la voûte et rythmée, le long des côtés, par les fausses fenêtres et les niches, qui soulignent la luminosité du mur d'enceinte et introduisent une tension dynamique, grâce à leur clair-obscur, qui équilibre le sens de l'espace fermé, de la finitude et de la nature statique de l'ensemble du bâtiment. Le diamètre du cercle périphérique est identique à la hauteur de la coupole : la précision des proportions donne la sensation d'un certain espace, rigoureusement défini, immuable et éternel en ce qu'il est égal à lui-même. La luminosité diffusée de manière homogène produit un équilibre entre l'espace et la lumière qui complète la segmentation harmonieuse des pièces.

Au Panthéon, on peut vraiment dire que l'équilibre classique de l'édifice s'enrichit d'une vitalité plastique imposante, typiquement romaine, à tel point que le Panthéon apparaît comme une synthèse des valeurs architecturales les plus élevées de tout l'art romain. Le Mausolée d'Hadrien, connu aujourd'hui sous le nom de Château Saint-Ange à Rome, en est l'écho. Il reprend la tradition républicaine du tombeau de Cecilia Metella dans sa forme de tour cylindrique.

Il convient également de mentionner l'immense diffusion de la décoration en mosaïque de cette période, une création qui appartient à de vastes intérieurs, culminant dans les grandes salles des thermes. Ce type de décoration a imposé une vision ornementale renouvelée, avec une adhésion plus fonctionnelle des motifs à leur environnement au moyen d'un motif linéaire prédominant, dans lequel sont insérés de petits éléments figuratifs tels que des Néréides, des Tritons et divers petits poissons, comme on peut le voir dans les décorations murales des thermes. Mais ce qui est encore plus fréquent dans la décoration des sols en mosaïque, c'est l'utilisation de cloisons géométriques telles que des losanges, des rhombes, des carrés, des cercles qui évoquent les caissons des plafonds.

La tradition picturale des deux derniers siècles de l'art romain nous a laissé peu de témoignages de son importance, si ce n'est dans les décorations en mosaïque de diverses maisons et villas des différentes provinces de l'empire, comme celle de Piazza Armerina (IVe siècle) où la tradition hellénistique semble ramener les tons chauds de la bataille entre Darius et Alexandre, Cette même vitalité que l'on peut admirer dans le panneau de pierres colorées de la basilique de Ginius Bassus sur l'Esquilin, où le dynamisme du tigre attaquant un taureau semble se transformer en une vitalité colorée.

Ce style impressionniste et narratif se retrouve également dans le détail d'une scène de semailles et de labour dans une villa de Chelles (IIIe-IVe siècle). La continuité de ces grandes mosaïques polychromes de la tradition hellénistique est cependant très claire, alors que la peinture décorative a largement disparu. Pourtant, ce qu'il en reste, on peut dire qu'entre le IIe et le IVe siècle, il tend à un pur décorativisme, imitant les revêtements de marbre et essayant de donner une illusion de marbre polychrome. Il s'agissait toutefois d'un usage plus domestique et moins officiel de la peinture, car les images n'étaient pas destinées à faire l'histoire, comme c'était le cas pour les œuvres d'art architecturales et sculpturales qui étaient officiellement commandées et réalisées dans des matériaux plus durables.

Dans le domaine de la sculpture, à partir du milieu du IIe siècle, on assiste au déploiement des prémisses innées dans l'œuvre du Maître de la Colonne de Trajan, mais dans la Colonne de Marc Aurèle, érigée entre 180 et 192, l'élément impressionniste et une influence non négligeable de l'art provincial de ce que l'on appelle le sermo rusticus, par rapport au modèle trajannien, sont accentués. Tout d'abord, la colonne apparaît plus lisible, car le nombre de spirales passe de 23 à 21 et, par conséquent, la hauteur de la frise passe de 1,05 m à 1,25 m ; en outre, le trait stylistique passe du modelé doux du bas-relief pictural de la colonne de Trajan au haut-relief plastique de la colonne d'Aurélien, un détail encore plus remarquable.

Il s'agit ici d'une perceuse qui s'enfonce dans le marbre, créant un modelage dur, encore plus clair-obscur, qui s'appuie sur une syntaxe résolument plus schématique, où la variété des motifs est remplacée par la répétition des thèmes, faisant prévaloir la frontalité sur les vues en perspective. La diversité des modèles s'accompagne d'une diversité de sentiments dans le contenu : l'accent est mis sur la cruauté et l'impitoyabilité, et les traces d'humanité et de pitié à l'égard des barbares qui apparaissaient dans les détails de la colonne de Trajan disparaissent. À la modulation plus schématique et ordonnée des Romains s'opposent les rythmes déformés des corps des barbares, comme en témoignent la marche des légionnaires romains lors de la deuxième campagne contre les Quadi et la scène impitoyable, par contraste, de l'anéantissement d'un village barbare avec une femme qui tente obstinément de fuir avec son petit garçon. La scène est particulièrement émouvante dans ce qu'on appelle le

Miracle de la pluie, où l'immense figure de Jupiter Pluvius se profile au-dessus de l'animation agitée des Romains, au-dessus du tas de barbares tombés, dans un mouvement de surfaces piquées qui rendent la confusion dramatique d'une atmosphère miraculeuse.

Les motifs stylistiques de la colonne de Marc Aurèle sont repris sur trois panneaux avec le Quadrige triomphal, le Sacrifice et la Soumission des Barbares, où la figure à cheval de l'empereur rappelle celle en bronze qui se trouve aujourd'hui sur la place du Capitole. Ce monument équestre, qui a inspiré Donatello et que Michel-Ange a réclamé à son emplacement actuel, peut être considéré comme un autre chef-d'œuvre réalisé à cette époque. La masse du grand cheval semble avancer dans l'atmosphère, tandis que la lumière se déplace sur la vibration picturale des surfaces qui s'intensifient et se creusent dans le drapé de l'empereur. Paradoxalement, il en résulte un sentiment de vitalité solennelle et, en même temps, de sagesse humaine qui dépouille ce monument de tout caractère conventionnel pour en faire une célébration de la dignité impériale.

Un aspect caractéristique de cette phase de l'art romain est le portrait officiel des empereurs, mais aussi des membres de leur famille et de leurs collaborateurs. Si le Portrait de Caracalla présente un colorisme prononcé dans les boucles ondulées, le Portrait de Julia Donna prend des tons plus réalistes dans le visage encadré par l'épaisse perruque. Le réalisme sec du Portrait de Dèce semble nous ramener à la tradition primitive de l'art romain, au Brutus du Capitole.

Une plasticité plus compacte, prenant les tonalités d'un graphisme essentiel avec une certaine ascendance de l'art provincial, apparaît dans le groupe représentant les Tétrarques, c'est-à-dire le système des quatre empereurs instauré par Dioclétien en 286. L'œuvre, qui se trouve actuellement à Venise, provient de Constantinople et date de la fin du IIIe siècle ou du début du IVe siècle. L'étreinte symétrique semble devenir abstraite dans l'expression figée, presque ahurie, des visages qui ne sont différenciés que sommairement : la fonction symbolique l'emporte sur la fonction représentative et révèle l'incorporation d'influences barbares à l'immobilité antique du portrait oriental. Cela se manifeste par une tendance au colossal et par les vestiges d'une vision qui combine le profil et l'élévation.

Les traits du visage d'un Portrait de Constantin du début du IVe siècle apparaissent nets : les plans carrés créent un esprit d'abstraction dont la grandeur découle d'une immobilité hiératique, presque inerte si l'on veut, et non de la vitalité intérieure que l'art classique lui avait imprimée. Elle se poursuit avec la statue colossale d'un empereur à Barletta, arrivée là après avoir été enlevée par les Vénitiens à Constantinople en 1204. Malgré l'époque - nous sommes à la fin du IVe siècle - la marque stylistique de Constantin est visible, car les détails, même réalistes, se raidissent dans une composition à la symétrie forcée, en la chargeant d'une tension fortement expressive. D'une certaine manière, cette tension exagérée, qui dépasse l'humain et correspond, en termes politiques, à la déification accentuée de la figure de l'empereur, est le résultat d'un processus de gel de la vitalité et du naturalisme typiques de l'art classique. L'influence la plus importante est sans aucun doute l'esprit de religiosité orientale qui se confond avec une conception absolue du pouvoir, un pouvoir de plus en plus distant et, par conséquent, de moins en moins identifiable avec le relâchement de l'image humaine.

La tradition hellénistique et romaine

Il est très difficile d'établir une ligne de démarcation claire entre l'art romain païen et le début de l'art chrétien. L'histoire du christianisme à Rome ne semble pas, à proprement parler, relever spécifiquement de l'histoire de l'art, en raison de ses caractéristiques sociologiques de religion s'adressant principalement aux classes populaires, surtout à ses débuts. Le fait que les premières persécutions aient obligé les chrétiens à se cacher et à se rassembler dans les catacombes creusées dans le tuf n'a certainement pas suffi à stimuler la production artistique - aussi parce que, ne l'oublions jamais, celle-ci va toujours de pair avec une perception esthétique et nécessite qu'un public l'admire pour en comprendre le sens. Malgré cela, c'est dans les catacombes que l'on trouve les premiers exemples de peinture murale à partir du IIe siècle après J.-C. : l'un des plus anciens est le Bon Pasteur des catacombes de Domitilla (IIe siècle) : la technique est impressionniste, avec un tracé léger, presque esquissé, et des couleurs vives qui rappellent la manière compendieuse qui était déjà apparue dans les peintures pompéiennes et que nous avons mentionnée plus haut.

À partir du IIe siècle également, les figures acquièrent une plus grande monumentalité qui semble s'inspirer de la sculpture, comme on peut le voir dans l'hypogée des Auréliens à Rome. Mais l'exemple le plus remarquable est la voûte des catacombes des saints Pierre et Marcellin, également à Rome, avec le Bon Pasteur au centre et des personnages priant tout autour, alternant avec des scènes des Histoires de Jonas. On retrouve ici la légèreté de la touche et une suggestion qui fait allusion à de vagues visions idylliques et pastorales du paysage ; cependant, il serait injuste de trouver dans ces premières expressions un soupçon d'originalité qui nous sorte de la tradition hellénistico-romaine :

le style est celui des peintures païennes, si ce n'est avec une tonalité plus approximative et populaire. La nouveauté se trouve dans le contenu, dont le symbolisme tend à devenir répétitif et, par conséquent, l'iconographie typique.

Ainsi, l'iconographie des personnages du christianisme s'est formée dans cette première phase, qui a ensuite eu tendance à passer dans la tradition : l'image du Christ s'est parfois inspirée du motif du philosophe barbu, mais la tradition a ensuite été abandonnée au profit du type jeune d'Apollon, démontrant un mélange d'éléments classiques et nouveaux du christianisme. De ce point de vue, le type du bon berger est un excellent exemple, car il rappelle le kouros classique. Le plus ancien portrait du Christ remonte au IIIe siècle et se trouve dans les catacombes de Domitilla, à Rome : il se caractérise par des traits sémitiques non encore stylisés au sens occidental et ne comporte pas d'auréole, qui n'avait pas encore été introduite dans l'iconographie chrétienne.

Dans les catacombes de Priscille à Rome, au IIIe siècle, apparaît la première iconographie de Marie avec l'Enfant Jésus dans un style où l'essentialité des hachures rencontre une certaine vivacité du visage qui rappelle les peintures pompéiennes. Dans l'Hommage des Mages à l'Enfant Jésus, peinture du IIIe siècle conservée dans les catacombes de Priscille, l'avancée des Mages, les mains tendues vers la Vierge, reprend un schéma déjà vu et dérivé de celui des barbares soumis offrant leur tribut à l'empereur. Le Christ parmi les Apôtres dans les catacombes de Domitilla nous rappelle que l'art chrétien faisait encore ses premiers pas par rapport aux expressions païennes, et nous le remarquons dans l'esquisse de la draperie, la fixité des visages, la répétitivité du motif. Dans le meilleur des cas, nous trouvons des coups de pinceau doux et des ombres fortes, comme dans la figure pensive et expressive de l'Apôtre datant du milieu du IIIe siècle dans l'hypogée des Auréliens.

Mais le christianisme sortira-t-il un jour des catacombes ? Bien sûr, mais il faut attendre 313, année de l'édit par lequel l'empereur Constantin a déclaré la liberté de culte pour les chrétiens. Comme nous l'avons déjà mentionné, nous ne pouvons pas marquer cette année-là comme la fin de l'art romain et le début de l'art chrétien, car il n'est pas possible d'établir une frontière nette lorsque les coordonnées culturelles et les techniques stylistiques dans lesquelles les œuvres païennes et chrétiennes sont réalisées sont les mêmes. À partir du milieu du IVe siècle, l'Église devient progressivement le client le plus important, car elle revendique la vaste production à des fins sacrées et commence à abandonner son rôle de simple bâtiment architectural.

L'architecture paléochrétienne reprend le motif de la basilique de la fin de l'époque romaine, qui consiste en un corps de bâtiment rectangulaire divisé dans le sens de la longueur en trois nefs par deux rangées de colonnes reliées entre elles par des arcades ou un entablement droit et enfermées dans une chambre semi-circulaire avec un toit en forme de dais, appelée abside. Il peut y avoir cinq nefs au lieu de trois, auquel cas il y aura quatre rangées de colonnes au lieu de deux. Souvent, aux deux tiers de la longueur du corps de l'église, on trouve un autre corps rectangulaire perpendiculaire au premier, plus court, appelé transept : c'est le plan en croix latine. Ce modèle se retrouve dans la reconstruction de l'ancienne basilique Saint-Pierre au Vatican et dans celle de Sainte-Sabine à Rome (Ve siècle).

Les constructions à plan central peuvent être de différents types : en croix grecque avec deux corps rectangulaires de longueur et de largeur égales, ou circulaires, voire polygonales. Dans ce cas, elles sont centrées autour d'une coupole, selon un schéma que nous avons vu dans le temple de Minerva Medica et que l'on retrouve dans le mausolée de Sainte Constance, qui suit d'un demi-siècle seulement le temple de Minerva Medica à Rome. La lumière qui pénètre par les grandes fenêtres crée un contraste entre la pleine luminosité de la pièce centrale et la pénombre de l'allée circulaire sans fenêtre, créant ainsi un effet de dilatation spatiale qui rappelle l'architecture romaine. Malheureusement, il s'agit des derniers exemples vérifiables, car les basiliques les plus anciennes de Rome ont été entièrement ou en grande partie reconstruites à des époques ultérieures, comme Santa Maria Maggiore à trois nefs du Ve siècle, avec un plafond à caissons du XVIe siècle, ou Saint-Paul-hors-les-Murs, détruite par un incendie au siècle dernier et reconstruite comme une imitation scolastique de l'ancienne basilique. Saint-Pierre au Vatican a été reconstruite entre le XVIe et le XVIIe siècle, bien que des documents anciens et des reproductions nous permettent de reconstituer l'aspect primitif avec une bonne approximation.

Si, dans l'architecture, les premières expériences chrétiennes reprennent les formes de l'architecture romaine, cette similitude est encore plus évidente dans la sculpture, comme le montre la comparaison entre le Sarcophage aux scènes pastorales et le Sarcophage du Bon Pasteur. L'esprit pastoral du sujet s'étend au style dans la composition picturale libre, et le style impressionniste rappelle une atmosphère bucolique qui appartient encore à l'esprit de l'art païen, au-delà du sujet représenté. L'un des plus beaux sarcophages du IVe siècle est celui du préfet de Rome Junius Bassus, mort en 359 : dans sa structure de colonnes et d'arcs, il reprend une typologie d'Asie Mineure qui trouve son origine dans les objectifs illusionnistes évidents de la mise en espace des figures et se rattache à la tradition hellénistique du paysage. Le cloisonnement rythmique du cadre architectural réussit cependant à donner une atmosphère extra-temporelle aux histoires individuelles : la disposition des scènes sur le sarcophage ne respecte pas l'ordre des événements, faisant du récit, plutôt qu'une succession cohérente et logique de faits, une succession d'états d'âme. Son temps est le présent de celui qui médite sur la valeur profonde et toujours actuelle de ce qui a été illustré, c'est-à-dire un temps qui coïncide avec le temps spirituel du croyant. La cohérence volumétrique des figures est liée à la liberté des lignes de composition et à leur équilibre symétrique, créant ainsi une série de passages en clair-obscur qui rythment les différents panneaux et confèrent à l'ensemble une tonalité de réflexion mesurée.

La même vision élégiaque se retrouve dans la statue du Bon Pasteur du IVe siècle : elle aussi est imprégnée d'un modelage doux et d'une vision délicatement élégiaque, qui s'inscrit dans des traditions déjà éprouvées en termes de langage artistique.

CONCLUSION

Et que signifie l'art pour vous ? Naît-il de la tête ou du cœur ? De la rationalité ou de l'instinct humain ?

Nous étions partis de ces questions avant d'entamer notre voyage dans ce monde fascinant. Deux questions, plus ou moins spontanées pour certains, qui nous viennent à l'esprit chaque fois que nous sommes confrontés à une œuvre qui nous fait vibrer. Nous pouvons dire que l'art est l'expression même de la créativité sous les formes les plus diverses et variées qui soient - de la construction de bâtiments, la restauration de meubles, le tissage de textiles, l'assortiment de tenues colorées, à la peinture plus classique avec des aquarelles et des outils numériques. Nous sommes tous des artistes, certains plus et d'autres moins, avec un grand potentiel créatif que nous ne décidons pas tous d'exploiter.

L'art est quelque chose qui, par définition, est perçu de manière si subjective qu'il ne peut être défini par une seule explication universelle : chacun d'entre nous vit l'art différemment, même par la plus petite nuance. En y réfléchissant, en voyant la plupart des œuvres d'art exposées dans les grands musées, les salons cossus et les galeries, on ne peut répondre qu'à une partie de la question avec une certitude absolue : si l'on mettait cependant l'accent sur la finalité pour laquelle certains chefs-d'œuvre ont été conçus puis réalisés, on se rendrait compte qu'il y a quelque chose qui ne colle pas. A l'époque primordiale, comme nous l'avons vu, le but de l'art n'était pas d'insuffler un charme esthétique, une beauté de l'âme et une harmonie, mais d'organiser la vie quotidienne, de parvenir à survivre et d'invoquer le destin par le biais de quelque arcane magique et de le rendre favorable.

À la dernière question, hélas - et je le dis avec un soupir pensif - je ne pourrais vraiment pas répondre : ce serait comme décider définitivement si c'est l'œuf ou la poule qui est arrivé en premier. Le débat entre la raison et le sentiment, le cœur et la tête, est aussi vieux que l'histoire de l'art elle-même : c'est un conflit éternel dans lequel les deux facteurs alternent constamment, tantôt l'un, tantôt l'autre prédominant, ce qui rend le sens même de l'art encore plus vivant.

Nous sommes arrivés à la conclusion de ce guide sur l'histoire de l'art antique, même si cela n'a pas été facile car dresser un tableau historique de l'origine de l'art, en prenant en compte toutes les facettes et en disposant d'informations fragmentaires et peu précises, vous comprendrez aussi que ce n'est pas quelque chose que l'on fait tous les jours. J'espère sincèrement que ce volume a servi l'objectif pour lequel il a été écrit. Comme nous l'avons appris, l'instinct humain est toujours à la recherche de la beauté, et ce dont nous avons hérité aujourd'hui est le même instinct que celui que nous avions à l'aube des temps. La seule différence réside dans l'usage que nous en faisons : autrefois, nous en étions presque dépendants, aujourd'hui, nous l'utilisons rarement et souvent sans même nous en rendre compte.

NOTE DE L'AUTEUR

Merci beaucoup d'avoir lu ce livre ! Comme vous l'avez peut-être deviné, à travers ce manuscrit et les autres de la série « Easy History », j'essaie de rendre des sujets normalement traités par des textes académiques longs et compliqués simples et accessibles à tous.

Mon objectif en tant qu'écrivain indépendant est de contribuer à la diffusion des faits historiques de la manière la plus neutre possible et d'une manière qui puisse réellement toucher tout le monde, afin de permettre aux lecteurs de se faire leur propre opinion sur ce qui s'est passé dans l'histoire et sur ce qui nous a été transmis par les mythes et les légendes.

Un type d'information indépendant, simple et neutre est, à mon avis, une arme très puissante contre l'ignorance et l'instrumentalisation que nous voyons aujourd'hui même dans les grands médias, et dans ce sens il n'y a pas de meilleure solution que de connaître le passé pour construire un meilleur avenir.

Pourquoi est-ce que je fais ça ? Par passion, ni plus ni moins. J'ai toujours été un lecteur presque obsédé par les livres d'histoire et de mythologie, et j'ai toujours été fasciné par la façon dont les événements survenus il y a des centaines ou des milliers d'années affectent encore la vie d'aujourd'hui.

Comme je suis un auteur totalement indépendant, qui effectue lui-même toutes les recherches, la rédaction et la publicité de ses livres, je vous demande une toute petite faveur :

Si vous avez aimé le lire, ou si vous l'avez simplement trouvé utile pour quelque raison que ce soit, je vous demande de laisser un avis ou une simple note sur Amazon.

Vous n'imaginez pas à quel point cela peut être utile pour moi et pour tous ceux qui, comme moi, font tout eux-mêmes !

www.ingramcontent.com/pod-product-compliance
Lightning Source LLC
Chambersburg PA
CBHW062328290526
45794CB00005B/1942